中国社会科学院陆家嘴研究基地
Lujiazui Institute of Chinese Academy of Social Sciences

基地报告

REPORT OF LUJIAZUI INSTITUTE, CASS

总编■李 扬 主编■殷剑峰 副主编■何海峰

第2卷

裴长洪 等■著

中国（上海）自由贸易试验区试验思路研究

社会科学文献出版社

SOCIAL SCIENCES ACADEMIC PRESS (CHINA)

中国社会科学院陆家嘴研究基地
主要成员

课题组成员

负责人 裴长洪

成　员 （按姓氏笔画排序）

杨志远　余颖丰　陈丽芬　钱学宁　谢　谦

目 录
CONTENTS

导　言

中国（上海）自由贸易试验区的设立，揭开了我国新一轮对外开放的序幕，是党的十八大提出的"必须实行更加积极主动的开放战略"的标志性事件，新一轮对外开放究竟"新"在哪里，中国（上海）自由贸易试验区又如何体现这个"新"的内涵，本研究在对此进行分析的基础上提出推进中国（上海）自由贸易试验区建设的构想。

第一节　中国的对外开放还有潜力吗？

1995 年世界贸易组织成立，结束了关税贸易总协定的乌拉圭回合谈判，各国在关税减让和撤除非关税壁垒问题上达成了一致的意见，在此以后的十几年间，开放边境让商品和生产要素自由流动，成为制定国际规则的主要目标，因此，边境开放和让渡关税主权成为 20 世纪 90 年代和 21 世纪第一个十年中经济全球化的大潮流。继世界贸易组织成立后举行的多哈回合谈判，由于美国、欧盟等发达成员对农业补贴及对不发达国家援助等议题不感兴趣，而它们感兴趣的关于深化服务贸易开放的议题，又由于成员众多，难以在短时间内达成一致意见，因此多哈回合谈判一直陷于僵局。

中国于 2001 年 12 月加入世界贸易组织，在加入世界贸易组织的过程中，中国积极参与了经济全球化，实行了边境开放和大幅度削减关税以及撤除非关税措施。此后，中国的关税总水平又由 2001 年的 15.3% 降至 2010 年的 9.6%，农产品平均税率由 18.8% 调整至 15.6%，工业品平均税率由 14.7% 调整至 8.7%。2010 年降低鲜草莓等 6 个税目商品进口关税后，我国加入世界贸易组织承诺的关税减让义务全部履行完毕。此外，中国还不断削减非关税措施，取消了 424 个税号产品的进口配额、进口许可证和特定招标，分批取消了对 800 多个税务商品的管理措施。

按照世界贸易组织达成的《服务贸易总协定》，中国也积极履行了服务贸易部门开放的承诺。中国服务贸易部门的开放也很广泛，截至 2012 年，在按 WTO 规则分类的 160 多个服务贸易部门中，中国已经开放了 110 个，新开放的分部门，涉及银行、保险、电信、分销、会计、教育等重要服务部门，远高于发展中国家平均水平，为外国服务提供者提供了广阔的市场准入机会。但是，相对于货物贸易，服务贸易部门开放的深度和广度仍然很不够。由于现代服务业尤其是金融业、信息服务业、社会服务业及各类知识密集型的服务业对国民经济有更为重大的影响，而上述产业中国与国际水平差距较大，造成外资垄断的可能性也更大，因此在 21 世纪初期，我国采取的开放步骤是谨慎的。在世界贸易组织对服务贸易的四种分类模式——跨境交付、境外消费、商业存在、自然人流动——中，我国在商业存在与自然人流动两个领域的开放尤其显得不足。

根据加入世界贸易组织达成的《服务贸易总协定》，中国服务贸易的开放承诺所达到的开放水平可由表 1 所显示。

表 1　中国在不同模式下服务贸易总体承诺

贸易模式		模式 1　跨境交付			模式 2　境外消费			模式 3　商业存在			模式 4　自然人流动		
承诺范围		无限制	有限制	未承诺	无限制	有限制	未承诺	无限制	有限制	未承诺	无限制	有限制	未承诺
市场准入	部门（%）	21	22	57	52	3	45	1	53	46	0	55	45
	部门（个）	33	33	88	81	5	70	2	81	71	0	85	70
国民待遇	部门（%）	44	2	54	55	0	45	30	20	50	0	55	45
	部门（个）	68	2	84	85	0	70	47	31	78	0	85	70

注：作者根据我国 2001 年入世的承诺，按照 Hoekman（1995）index 频度法计算。

与世界贸易组织部分成员特别是发达成员相比，中国服务贸易开放的深度和水平还有较大差距，甚至在某些方面，开放水平低于较晚加入世界贸易组织的俄罗斯。与开放程度较高的美国相比，中国服务贸易开放的承诺水平显得较低。

中国加入世界贸易组织以后，与一些经济体开展了区域合作的谈判，这些区域合作也涉及服务贸易开放的内容，因此，中国服务贸易的开放程度事实上比加入世界贸易组织所承诺的水平要高。根据目前中国签署的 10 个 FTA 协议中的区域服务贸易开放承诺，中国服务业开放度由高到低排列依次为：环境服务、视听服务、计算机服务、专业服务、旅游服务、保险服务、建筑服务、分销服务、空运服务、银行服务、海运服务、电信服务、娱乐服务、教育服务、邮政服务、健康和社会服务。表 2 显示了中国服务业各部门开放比例。

表 2　中国服务业各部门开放比例

单位：%

	承诺开放比例	完全开放比例	部分开放比例	不开放比例
商　　用	60.9	22.8	38.1	39.1
通　　信	62.5	19.8	42.7	37.5
建　　筑	100	25.0	75	0
分　　销	100	35	65	0
教　　育	100	25	75	0
环　　境	100	25	75	0
金　　融	76.5	16.2	60.3	23.5
旅　　游	50	25	25	50
运　　输	20	11.3	8.7	80
娱　　乐	0	0	0	100
健　　康	0	0	0	100
其　　他	0	0	0	100
总体平均	67	21	46	33

注：计算方法是根据多边或区域承诺开放的部门比例（开放分部门占该项大部门比例）和开放程度（没有股权限制、部分限制、完全限制）综合计算。例如 GATS 项下中国对健康服务没有做任何开放承诺，开放度就为 0，保险服务的开放程度是 50，是因为做了部分开放承诺，有股权比例限制。区域开放度选择了承诺水平最高的标准计算，目前 CEPA 水平最高，所以选的是 CEPA。

根据我国目前对外商投资的管理规定，现行对服务业开放的限制主要有：

第一，不发放新的许可或者发放许可的程序烦琐。外资保险公司获得保监会（CIRC）设立省市分支保险公司的申请批复非常缓慢。近 5 年中国未发放过新的企业年金服务许可。如果申请，也需要通过人力资源和社会保障部、银监会、证监会、保监会等部委的审批，过程非常复杂。

第二，外资股权比例限制：对外资进入中国服务业，有一定的股权比例限制。寿险比例不得超过 50% 的持股比例。现行法律规定：单一银行的外资持股占比不得超过 25%，单个外资投资者持有国内银行股权比例不得超过 20%。2012 年中国将外资券商的股权比例从 33% 提高到了 49%，但是仍存在比例限制。

第三，过度的资本规模要求：电信服务和建筑服务，对外资企业资本规模要求较高，加重了外资企业负担。外资银行须在中国设代表处满 2 年，拥有总资产 10 亿美元以上，才可以申请设立。外资电信企业必须与现有内资电信企业设立合资企业，移动、固话等基础电信业务外资持股比例不得超过 49%，增值电信业务外资持股比例不得超过 50%。

第四，业务范围限制。邮政快递业：仅开放包裹递送业务，维持信件的邮政专营权，并限制外资企业的网点设立数量及经营地域范围；建筑业：外国建筑公司仅可承担外方出资或是中方因技术原因无法承担的项目；法律服务：外国律师事务所可设立代表处，但不得雇用中国注册律师；保险服务：不允许外资企业提供政治险（political risk insurance），服务中，外资保险公司不得经营法定财产险业务；证券公司不得从事 A 股交易（目前已有试点有条件放开）。

以保险服务为例，要求投资者总资产达到 50 亿美元或以上，而香港保险公司多为中小型企业，因此难以进入大陆市场，而且核心业务也未开放。如资产管理这种在香港已经非常成熟的业务目前还没有开放。已经开放的行业往往审批繁复，有的审批要花一两年时间，有的申请在某个城市被批准，到另一城市又要重新申请。香港的怡和公司曾申请在内地设立一个 4S 店，根据"外资零售企业申请经营程序"，每一次开设分店的审批必须分别通过分店所在地区外经贸局、经贸局、工商局等 7 个审批部门，9 道程序，每道程序需要 10~15 个工作日，合计 4~6 个月。该公司曾经开过一个店，店铺租下来每月租金 30 万元，等所有环节走完，可以开门营业时，租金已经缴了 700 万元。外商投资企业强烈期待"一章通"。

以上说明，我国在服务领域的开放不仅还有很大的空间和潜力，而且相对于经济全球化的深入发展，已经显得明显滞后了。服务业开放的滞后，有两方面原因，一方面，在许多现代服务业领域，我国的竞争力不强，处于弱势地位，从国家经济安全因素考虑，采取了实施保护与有限开放的策略；另一方面，许多服务行业部门的开放，涉及国内的法律、法规以及相关政策与国际规则（包括新规则）的接轨，即管辖国内经济活动的治理权的让渡，这与边境开放和让渡关税主权不同，是我国在加入世界贸易组织过程中以及加入后的一段时期内未曾遇到的新问题和新实践。

第二节 美国全球经济治理战略意图的挑战

1995 年世界贸易组织的成立，标志着制约美欧主导的贸易投资自由化的边境障碍问题已经有了全球规则和治理平台，特别是中国的加入，宣告了解决要素流动的边境障碍问题已经基本结束。对 WTO 成立后的多哈回合谈判所涉及的发展议题，美国没有兴趣。随后爆发了国际金融危机，美国智库和当权派认为，全球经济治理的焦点已经从当初的贸易投资自由化转向世界经济再平衡。甚至一些美国媒体还提出，自由贸易的口号不符合美国利益，美国需要的是"公平贸易"。

随着美国全球经济治理核心议题的转变，全球经济治理的主要舞台也从 WTO 转移到 G20 协调机制。从适应世界经济再平衡的全球治理战略和讨论议题来看，WTO 成为美国战略利用工具的价值显然没有预期的那么大，为此美国选择了 G20。一方面可以绕开多哈回合谈判，重新设立美国感兴趣的议题；另一方面可以回避由157 个成员组成的难以掌控的 WTO 格局，在较小的治理平台上发挥美国的掌控力。美国设置的世界经济再平衡的议题，回避了美国金融寡头在国际金融危机酝酿和发酵中的责任，而是把它与中国人民币汇率、贸易顺差等问题密切联系，企图通过压缩中国的国际市场空间来为美国重新塑造国际分工体系扫清道路。萨默斯说，美国应成为唯一的出口导向型国家，中国应以内需为主。而美国则提出了"再工业化"和"出口倍增"的计划，可见，美国的世界经济再平衡的全球经济治理思路，实际上只是中美两国贸易平衡状态的改变。但是，事与愿违，美国的目的没有实现。目标没有实现首先是因为来自美国的出口贸易并非想象的那样。表 3 是 2007 ~ 2012年美国制成品出口情况。

高盛首席经济学家简·哈祖斯说："到目前为止，制造业出现结构性复苏的证据还不足。生产力增长较为强劲，但是美国出口表现依然不算是太乐观，这才是衡量竞争力更可靠的一个指标。从出口数据来讲，美国出口商仅仅在美元大幅下跌的时候才能实现增长。最近几年内，这一情况都没有得到可识别的转变。"

表 3   2007～2012 年美国制成品出口情况

单位：百万美元，%

年份	出口额	增长率
2007	868298	
2008	912383	5.1
2009	743322	-18.5
2010	873243	17.5
2011	971670	11.3
2012 年前 10 个月	851662	5.4
2012 年预计（数据陈旧）	1021662	5.1

资料来源：美国统计局外贸处，2013 年 3 月。

上述情况说明，即便在中国人民币汇率自 2005 年以来不断升值达到 30% 以上的水平，而且经常项目顺差占 GDP 比重不断下降的情况下，也并没有使美国期待的"重振制造业"和"出口倍增"奇迹出现。这表明，美国的世界经济再平衡的口号，从理论到实践都已经破产。这个事实引起了美国官产学界的反思。经过朝野反思，终于找到一个解释，就是他们认为的这一结果来自所谓中国的"国家资本主义"的挑战。2012 年 5 月 3 日，美国副国务卿（分管经济、能源和农业事务）罗伯特·霍马茨（Robert D. Hormats）在华盛顿发表了"中国模式的挑战"的演讲："然而，我们发现 20 世纪 90 年代以来全球经济迅猛增长的助推器——市场开放和市场竞争，正在面临新的挑战。在全球金融危机的浪潮中，政府在各国经济增长中可能会扮演更加重要的角色。全新的'国家资本主义'模式正在显现，它不同于自由开放和自我发展的西方模式，而中国的经济政策就是这一新模式的鲜明例子。"2012 年 12 月，美国贸易代表处向国会所做的关于中国履行 WTO 承诺的报告中再次提到中国的"国家资本主义"："当中国在 2006 年开始执行其 WTO 关键承诺的最后一部分时，政策变化越加明显。USTR 注意到中国更多地依靠国家资本主义，一些政府政策和措施让大家担心中国并没有完全履行 WTO 原则所提出的市场准入、非歧视和透明度的要求。"

这表明，美国智库和当权派的全球经济治理的战略思想开始发生变化。所谓中国的"国家资本主义"问题，即认为中国实行的国家资本主义，支持了国有企业，妨碍了公平竞争，阻碍了美国商品和服务进入中国市场。所谓"竞争性中立""反竞争扭曲"一时成为经济治理的主题词。其战略思想是在解决要素流动的边境障碍后，深入解决经济体内部的市场障碍问题。

（一）TPP 区域合作的出笼

鼓吹新世纪、新议题和新纪律成为美国朝野转换全球经济治理议题的新口号。为了回应美国商会提出的亚太地区是经济利益焦点的呼吁，2012 年奥巴马政府高调提出重返亚太地区，并设计和筹划了"泛太平洋合作伙伴"（TPP）的所谓高水平区域合作，把产业政策、劳工政策和知识产权等边境内市场问题均纳入协议范围，使其新战略有了实行的范本。TPP 谈判采取闭门磋商的方式进行，在谈判结束之前，不对外公布 TPP 具体技术文本。谈判涉及以下议题：农业、劳工、环境、政府采购、投资、知识产权保护、服务贸易、原产地标准、透明度等。TPP 另立国际贸易新规则给中国带来的挑战是，它所确立的涵盖服务贸易、投资、环境保护、劳工、知识产权等内容的高标准条款，中国在中短期内无法满足条件，因此难以应对美国、加拿大等发达国家的直接竞争。它涵盖的知识产权保护、劳工和环境保护等议题都与人力资本、技术创新密切相关，高门槛的新规则将不利于我国战略性新兴产业的发展，并对我国产业转型升级和参与国际竞争形成很大挑战。在美国贸易代表办公室贸易政策委员会举行的 TPP 谈判征求意见会议上，美国服务业联合会提出服务业应该是 TPP 谈判的重点，要求将服务贸易开放作为重要的谈判内容。美国服务业占据 GDP 的 80%，吸纳了80% 的就业人口，在 TPP 谈判中美国特别关注服务业中的快递服务、金融服务、电子支付、电子商务、电信服务、视听服务、知识产权和能源服务等服务部门的市场准入、透明度和投资者保护问题。

（二）美欧自由贸易区谈判

2013 年奥巴马连任以后，美国一方面极力推动 TPP（跨太平洋战略经济伙伴关系协定）的发展；另一方面又和欧盟积极筹划 TTIP（跨大西洋贸易与投资伙伴关系），与欧盟进行自由贸易区谈判。美欧自贸区谈判是美国出口翻番计划的组成部分，也是美国加快经济复苏、获取地缘政治红利的重要措施，但核心意图在于重塑国际贸易新标准。首先，TTIP 谈判有助于提振大西洋两岸分享贸易投资扩大利益；其次，TTIP 谈判是美欧欲在 WTO 框架外寻求制定贸易规则的平台，更积极地利用自贸协定推进其贸易议程，以保持在全球贸易谈判中的领航地位；再次，TTIP 谈判有利于美欧先发制人，率先主导制定"下一代贸易政策"，并推动其成为全球贸易的新标准和范本；最后，TTIP 谈判有助于进一步深化美欧战略伙伴关系，增强与新兴经济体抗衡的力量，拓展在全球贸易治理中的视野和作用。

（三）服务贸易协定谈判

在启动太平洋和大西洋两翼谈判战略的同时，美国在日内瓦还导演了旨在深化服务贸易开放的多边贸易体制谈判，并企图由美欧主导这个服务贸易协定谈判（TiSA）。进入 21 世纪后，全球服务贸易不断发展，《服务贸易总协定》（GATS）作为基础性协议规则在促进市场开放、推动贸易发展方面功不可没。但是，随着国际形势的变化，特别是金融危机爆发以后，各成员在 WTO 平台上推动服务贸易继续开放的难度不断加大。为了促进服务业市场的进一步开放，美欧等主要成员开始推动出台新的国际服务贸易协定。2013年 3 月，由 23 个成员启动了首轮"服务贸易协定谈判"，到 6 月底，TiSA 拥有 48 个成员，既有美国、日本、欧盟成员等发达经济体，也有智利、巴基斯坦等发展中国家。该协定覆盖了全球 70%的服务贸易，年贸易规模可达 4 万亿美元。但包括中国在内的金砖国家等其他 WTO 成员未被邀请参加。

TiSA 谈判涉及的主要领域包括：模式四下的自然人移动，尤其是提高商务访客、专家和技术人员准入的便利性，包括对公司市场开拓意义重大的内部人员调动（ICT）。实现数据跨境自由流动，取消数据必须预先存储于国境内服务器的要求。对其他国家的服务供应商提供承诺的国民待遇，采取有限限制（即反向清单）的措施。约束提供跨境服务的条件，包括许可、居住要求等，约束通过投资提供服务的机构设立、参与合资企业或经济需求测试等的要求等。

从上述分析能够清晰地看出美国全球经济治理的基本方案，其理论依据是反"国家资本主义"的"竞争扭曲"，实践版本是这两个所谓高水平的区域合作计划，以及在 WTO 基础上另搞一个缩小版的服务贸易协定谈判，这个议题和三个谈判构成了奥巴马下一任期全球经济治理的基本方案和路线图。对于另立国际贸易新规则的意图，美国对中国存有戒心，奥巴马在竞选辩论中说："我们没有将中国包含在内，建立起与其他国家的贸易关系，这样可以让中国开始感受到遵循基本国际标准的压力。"美国的想法是让中国被动接受美国的标准和规则。

第三节　中国：锐意改革，应对挑战，赢得机遇

新一轮对外开放的实质是：从边境开放向境内体制性开放过渡，即如何使国内体制、经济与社会、环境保护政策与国际规则接轨。这是当前我国参与全球经济治理面临的新挑战，也是十八大以后我国扩大开放需要解决的新课题。境内开放的含义是，当其他经济体的商品和服务通过边境开放比较便利地进入东道国后遇到体制和政策障碍，这些障碍有的在世界贸易组织的国民待遇原则条款中可以得到解决，有的并没有纳入世界贸易组织的协议条款，因此仍然存在。例如，一些经济体对国有企业的支持和补贴、劳工和环保政策以及不少原本只管辖本国经济活动的政策和只对本国经济运行发生影响的体制和制度，在开放深入后都会成为发达国家提出公平竞争要求的改革对象。货物贸易会涉及这些问题，但服务贸易的问

题更突出，因此，新一轮对外开放的特点是：服务贸易部门扩大开放、服务贸易领域外资的市场准入、管辖境内经济活动的治理规则的改革。

服务贸易四种模式中的"商业存在"，是服务业开放问题最突出的领域，也是服务贸易市场扩大最关键的领域，它关系到全球投资者在多大程度上能够进入其他经济体的市场，并能在多大程度上在该市场进行公平竞争。在国际金融危机发生以前，美国曾就此问题与中国进行过试探性的接触。就双边投资规则而言，全球已经产生了 3000 多个双边投资协定，中国也已经与世界上 50 多个国家签订了双边投资协定，但都没有以准入前国民待遇和负面清单管理作为谈判前提。国际金融危机发生后举行的中美经济战略对话，为双方就此问题进行谈判提供了契机。2009 年第四次中美经济战略对话启动了中美投资协定谈判，前后进行了九轮，由于涉及准入前国民待遇和负面清单问题，始终没有进展。2012 年 4 月，美国在重新审议并修订自己的双边投资协定文本后，公布了新范本。

美国关于双边投资协定的新范本，在市场开放准入、开放领域、负面清单、开放的管制手段等方面都比原来的标准更高，结构更严密。美国负面清单的内容包括国民待遇、最惠国待遇、高管要求、业绩要求四方面。负面清单不能回退；但未来新产业可以例外；此外，金融行业例外，按照审慎原则考虑市场准入。

面对新一轮对外开放的挑战，中国政府以改革的姿态积极应对，果断采取了两个重大步骤，为中国的新一轮开放赢得了机遇。第一个重大步骤是，积极回应中美双边投资协定谈判。2013 年 7 月中央政府批准了商务部提出的启动中美投资实质性谈判的建议。

所谓启动实质性谈判，其内涵是：结束模式谈判，即以准入前国民待遇和负面清单作为进入文本谈判的前提。同时，过去有关外商投资的三个法律也将依据谈判协定的要求进行修订，这意味着国内法将服从国际新规则。准入前国民待遇将覆盖投资项目和投资者，覆盖投资准入前后所有环节；负面清单管理意味着管理模式将从重事前审批转向重事中、事后的监管。

第二个重大步骤是，设立中国（上海）自由贸易试验区。2013 年 8 月国务院批准设立中国（上海）自由贸易试验区，8 月 30 日全国人大授权国务院在试验区内调整外商投资政策。试验区的特点是：①为扩大开放探路，以开放促发展、促改革、促创新，从而提供可复制、可推广的试验；②不是用优惠政策来推动，也不是以基建投资炒热土地的老办法来吸引地产投资，而是注重体制、机制改革创新；③不仅涉及货物贸易，主要针对服务贸易开放，不仅涉及边境开放，还涉及境内开放。

中国政府已经做好继续进行中美双边投资协定谈判的各项准备，并于 2013 年 10 月下旬在华盛顿举行第十轮谈判。中美投资协定谈判进行的重要意义是：将取得国际投资谈判的重大话语权，成为重要国际规则的制定者，为我国参与全球经济治理提供重要的空间和机遇；将更有利于保护我国在海外的投资。我国海外直接投资存量已经达到 5000 多亿美元（美国传统基金会统计 2012 年我国对美国直接投资达到 140 亿美元），并持有 2.645 万亿美元的美国国债，谈判达成，不仅我国对外投资可以要求美国国内法的保护，还可以得到国际规则的保护。

中美双边投资谈判的连带积极效应刺激了欧盟，推动了中欧投资协定谈判的举行。2013 年 10 月，欧盟理事会对是否授权欧洲委员会与中国开展双边投资协定谈判进行讨论，并做出决定，于 2013 年 11 月宣布举行中欧双边投资协定谈判。在积极接触和进取中，中国政府于 9 月 30 日宣布参加服务贸易协定谈判（TiSA）。该谈判已经举行了 4 轮，曾在 7 月中止，下一轮谈判在 2013 年 10 月下旬举行，中方派团参加。

第四节 中国（上海）自由贸易试验区建设的主要任务与构想

中国政府已经正式公布了该试验区的总体方案，归纳起来是五项任务，涉及 90 多个政策问题。

第一个任务是加快转变政府职能。我们主动改革，重在制度创新，不搞政策洼地。推行政府管理由注重事先审批转为注重事中、事后监管，建立一口受理、综合审批和高效运作的服务模式。加强对试验区内企业在区外经营活动全过程的跟踪、管理和监督。

第二个任务是促进投资领域扩大开放。服务业选择金融服务、航运服务、商贸服务、专业服务、文化服务以及社会服务领域扩大开放，暂停或取消投资者资质要求、股比限制、经营范围限制等准入限制措施（银行业机构、信息通信服务除外），营造有利于各类投资者平等准入的市场环境。

实行负面清单管理。对负面清单之外的领域，按照内外资一致的原则，将外商投资项目由核准制改为备案制（国务院规定对国内投资项目保留核准的除外）。将外商投资企业合同章程审批改为上海市备案管理，工商登记和商事登记制度改革相衔接，并在试验区内试点开展涉及外资的国家安全审查，完善国家安全审查制度。

第三个任务是推进贸易发展方式转变。鼓励跨国公司设立亚太地区总部，建立整合贸易、物流、结算等功能的营运中心，深化国际贸易结算中心试点，拓展专用账户的服务贸易跨境收付和融资功能，发展离岸业务，统筹开展国际国内贸易；探索在试验区设立国际大宗商品交易和资源配置平台，开展能源产品、基本工业原料和大宗农产品的国际贸易。试点建立相适应的海关监管、检验检疫、退税、跨境支付、物流等支撑系统。

第四个任务是深化金融领域创新。在试验区内对人民币资本项目可兑换、金融市场利率市场化、人民币跨境使用等方面先行先试；探索面向国际的外汇管理改革试点；促进跨国公司设立区域性或全球性资金管理中心。金融服务业对外资和民资开放，允许金融机构设立面向国际的交易平台；鼓励金融市场产品创新，支持股权托管交易机构在试验区内建立综合金融服务平台。

第五个任务是营造相应的监管和税收制度环境。采取"一线放开"：探索建立相对独立的以贸易便利化为主的货物贸易区域和以扩大服务领域开放为主的服务贸易区域。"二线安全高效管住"：加强电子账册管理，推动试验区内货物在各海关特殊监管区之间和跨关区便捷流转。试验区内企业不受地域限制，可到区外再投资或开展业务，推进企业运营信息与监管系统对接。在税收政策方面，在维护现行税制公平、统一、规范的前提下，以培育功能为导向，完善相关政策：实施促进投资的税收政策；实施促进贸易的税收政策；在符合税制改革方向和国际惯例，以及不导致利润转移和税基被侵蚀的前提下，积极研究完善适应境外股权投资和离岸业务发展的税收政策。

根据中国（上海）自由贸易试验区的主要任务，本研究继续探讨相应的思路和需要实施和配套完善的主要措施。

（一）货物贸易转型战略思路与措施

拓展贸易类型。大力发展过境贸易（离岸贸易）和转口贸易，推动商品进口－分拨－配送－展销零售的全流程便利化，打造高档消费品、大宗商品、专用机械设备、精密仪器等进入国内市场的渠道，发展国内市场流通链条，扩大内辐射效应。创新贸易业态。

创新贸易业态。引进零售业态，建设高端消费品商品市场，允许国内产品、已付关税产品或免关税产品在区内零售。发挥开放口岸和港口的"进、出、转"优势，全力打造专业化、国际化的大宗商品交易平台。

升级贸易功能。拓展保税仓储、国际物流、商品展示、国际中转、国际采购、贸易结算、国际维修、金融保险、信息咨询等贸易配套功能，形成储、供、运、销产业发展链，为贸易的发展提供低成本、高效益的服务。

1. 构建与国际接轨的管理体制

第一，创建双层管理体制。借鉴美国对外贸易区实行政府管理和市场管理相结合的双层管理体制，在政府管理上，设立独立的管理机构，隶属于政府，使之成为全国唯一依法直接管理自由贸易试验区的行政管理机构，将分散于多个职能部门的权力整合起来。在市场管理上，充分引入市场机制，由一个政府或政府控股的机构、企业对园区的发展进行统一规划、土地开发、基础设施开发、招商引资、物业管理、项目管理、咨询服务、投诉受理等，并且尽可能地为园区企业提供服务。

第二，建立自由贸易试验区综合信息服务中心。成立综合信息服务中心，借助电子信息联网手段，实现自由贸易试验区内海关、质检、商务、税务、工商等行政监管部门信息共享、跨界互联互通，经营者只需提交一次信息，在此基础上，海关当局和其他部门可同时处理该信息，为经营者提供极大便利。信息共享、多部门协作，可以提高监管效率与监管能力。

2. 探索灵活便利的监管模式

①探索"两步申报"通关方式。不断优化通关流程，对进出口货物实施"两步申报"（two steps）的通关方式开展积极探索，采取"简单申报 + 详细申报"的模式，将审核征税等占用较多通关时间的环节移至货物放行之后，实现货物查验放行和审核征税相分离，大幅缩短货物通关时间。②试行直接通关程序。试验区使用者可在货物抵达前向当地海关提出申请，当进口货物抵达时，可直接运往园区而免除向海关申报，有效提高企业对物流的支配和调度能力。③试行周报关制度。借鉴美国经验，允许企业对进出口货物实行一周集中申报一次，为企业节约报关费用。

便利转关。试验区应增加与国内其他保税区海关的联系，争取建立统一的电子化平台，便于诚信企业在全国范围内进行货物转移，提高企业整体经营效率和竞争力。

引入国际商事仲裁制度。引入国际商事仲裁的先进制度，为自由贸易试验区的企业提供商事仲裁服务，审理有关商事纠纷案件。

加强非市场规则体系建设。比照国际标准，加强自由贸易试验区在知识产权、劳工标准和环境保护等领域的标准要求和执法力度，为我国今后参与国际规则制定、打造国际竞争新优势进行先行先试，将试验区打造成全面国际化的一流自由贸易区。

赋予企业国内贸易经营主体资格。对于试验区达到一般纳税人标准的企业应该给予一般纳税人资格，并按照现有的增值税抵扣规定，对于其从国内采购的设备、原材料等不按照出口办理，而是列入进项税额。海关对试验区企业销售到国内的货物应缴纳的进口环节增值税进行汇算清缴，抵扣企业产生的进项税额后，将差额缴纳入库。

3. 提升现代运输服务水平

依托天然深水港口和国际航运线交点的优势，实施自由化的航运制度，全面提升口岸与港口的国际化水平，推动上海转口贸易蓬勃发展，形成与上海国际航运中心的联动机制。制定一套符合国际规范的船运业管理程序和规定，如船舶登记、船级检验等，探索形成具有国际竞争力的航运发展制度和运作模式。简化国际船舶运输经营许可流程，形成高效率的船籍登记制度。港口实施自由进出管理，船舶入港免办海关手续，非强制引航船员可自由登岸，边防海关人员不上船检查，出入境、卫生检疫手续从简等。推动中转集拼业务发展，允许在试验区设立中方控股的中外合资船务公司，经营上海港口与国际港口之间的船舶运输业务，并为船舶运输提供揽货、签发提单、结算运费、签订合同等日常服务。允许在试验区内注册的外资国际船舶运输企业的中国籍船舶在国内沿海港口和上海港区之间从事沿海捎带业务。支持浦东机场增加国际中转货运航班。制定航运税费优惠政策，对注册船采取低税率、降低注册费、简化注册手续等措施，允许船商低工资自由雇用外籍和本国船员。

4. 推动区内区外联动发展

试验区与其他海关特殊监管区功能互认。推进试验区与其他海关特殊监管区在海关、检验检疫、口岸监管等方面的有效配合，实行资质互认，共同提高贸易服务水平，有效降低物流成本及消耗时间，实现区内外的合作共赢。建立电子信息平台，并与其他海关特殊监管区实现对接和信息共享。

（二）服务业扩大开放的思路与措施

制定"负面清单"遵循的主要原则有以下几个方面。第一，安全原则。禁止投资涉及国防安全行业是各国制定负面清单时的普遍惯例，美国 2012 年 BIT 范本中涉及国家安全的第十八条有一个"自裁定"条款：缔约方有权采取其认为必要的措施来维护和平和安全利益，什么样的措施是必要的则由采取措施一方自己决定。涉及我国国防安全的服务行业包括航空运输服务、部分信息技术服务、部分专业测绘服务等，对这些行业的保护可以采取直接禁止的方式。第二，与监管同步原则。目前我国各级政府监管和调控能力都有待提高，变审批制为备案制对上海自贸区的监管水平提出了新要求，备案管理是按照深化行政管理体制改革要求，简化备案程序，做到统一受理，分工协作，并联备案；对事中事后监管也还处于学习阶段。因此，在试验初期，负面清单可以长一些，随着监管能力和水平的提高，对"负面清单"逐步实施"减法"。例如在美国－新加坡 FTA 协定中，虽然美国提出了较短的负面清单，新加坡在协议框架内制定的负面清单依然较长，所保护的行业范围也大于美国，但这种逐步开放的负面清单制定方式是我国未来可以借鉴的。

1. 关于运输服务业开放

上海国际航运业，虽然货物吞吐量较高，集装箱吞吐量 2012 年达到 3252.9 万 TEU，但与世界著名的国际航运中心相比仍有不小差距。尤其是在航运服务领域，如船务经纪、船舶分级与登记、船舶融资和租赁、海上保险、船舶交易、海事仲裁等方面。上海要形成国际航运中心核心功能，实现航运要素和资源集聚，港口、机场吞吐量继续位居世界前列，物流业面临挑战。可以通过长江经济区的支持将挑战转化为机遇。长江是全球最大的内河水运通道，长三角是中国最具有竞争力的经济区。上海港的航运中心地位要靠长江经济带支撑。上海自贸区应成为中国最大的物流特区。如果将上海港的区位、人才和资金优势与长江经济带的内陆运输网络相结合，则可以助推我国物流业快速发展。

2. 航空运输服务业

航空运输服务是发达国家重点限制或者禁止开放的行业，但与航空运输密切相关的二级服务行业是可以进一步开放的部门。目前，我国民航业计算机订座系统领域依然存在大量机制性的进入壁垒，2012 年颁布的《外国航空运输企业在中国境内指定的销售代理直接进入和使用外国计算机订座系统许可管理暂行规定》试图打破市场垄断，但相关政策依然难以落地。比如，目前关于计算机订座系统行程单打印系统的认证和授权制度，以及与国内旅行社签订的长期排他性协议，实际上阻止了国际计算机订座系统提供商进入中国民航业计算机订座系统市场提供外航航段业务。在不影响航空运输安全的条件下，航空外围服务市场的开放有利于引入适度竞争，提高民用航空服务质量，是我国航空运输服务业下一步开放的重点。

3. 关于电信业开放

在保障网络信息安全的前提下，允许外资企业经营特定形式的部分增值电信业务。在增值电信业务方面，我国自加入 WTO 以来，在开放电信业务方面始终保持谨慎态度，比如外国企业只能以设置合资公司的方式提供增值电信业务，且持股比例不能超 49%。自贸区改革可以扩大外国企业在增值电信企业的开放程度，这会带来竞争。而在互联网信息服务、数据处理和存储服务和呼叫中心业务几个领域，竞争已经饱和，市场开放对国内增值电信企业影响并不大。需要特别指出的是，增值电信业务有部分领域涉及国家和公众信息安全，如何合理使用方案中规定的"如涉及突破行政法规，须国务院批准同意"条款对该行业采取必要的保护是值得自贸区行政管理机关进一步研究的问题。

4. 关于教育服务开放

在中外合作模式之外探索直接办分校模式，是教育改革的重大突破。在农、林、矿、理工科等教育领域应大胆开放，引进境外办学资源，加快促进我国高等教育参与世界高等教育竞争，推动我国教育的市场竞争机制建设。

5. 关于医疗服务开放

在社会服务领域，医疗服务开放的需求更迫切，应置于优先地位。应大胆引进境外医疗投资和医疗资源，对外资医疗服务机构放开医疗服务价格，对于资质好的医疗机构应给予医保覆盖的待遇，同时，对于这些医疗机构的药品、医疗器械的进口，以及医疗人才的引进和使用，都可以给予试验区内的特殊政策。为此，自贸区试点还可设立外资专业健康医疗保险机构，这对外资医疗机构倚重商业保险的盈利模式构成支撑。外资医疗机构参与竞争，可以促进国内医药卫生体制的进一步改革。

（三）金融开放的措施建议

·为避免区内外利率差异导致套利，应允许区内银行的存贷款利率在央行基准利率上下自由浮动，逐渐过渡到利率市场化。可先针对现在可兑换程度比较低的项目，比如贷款，在自贸区内允许人民币双向贷款，即允许自贸区内中资金融机构对外进行人民币贷款，境外的金融机构也可以给上海自贸区内的企业提供人民币贷款。对不同的行业，也可区别对待。还可以考虑对不同的资本账户科目给予区别对待，如，可考虑在自贸区内设立股权投资母基金等。上海自贸区也可对不同币种给予区别对待，比如先与东盟国家的货币进行自由兑换，加强与东盟的经贸合作。自贸区还可以对不同类别资本的进与出给予区别对待，比如对美元实行宽进严出，对人民币实行宽出严进政策。

1. 建议以构建自贸区离岸人民币中心为突破口实行资本账户开放

自贸区在创办离岸金融市场初期应采用分离型离岸金融市场模式，离岸账户和在岸账户之间的资金流动受到较严格的限制。从股市影响方面来分析，自贸区离岸金融市场的创办，短期内不会因为国际资本的大量频繁进出直接对 A 股股市造成太大影响。但是建立离岸金融市场所产生的影响范围广泛，无疑会从多方面或直接或间接影响我国股市。发展离岸金融市场有利于促进金融体制改革，缩小国内金融市场与国际成熟金融市场之间的差距，因此也有望促进内地股市在市场监管、制度建设等方面改革不断深化。通过离岸人民币金融中心建设推动跨境人民币结算业务发展，扩大人民币在贸易、投资、保险等领域的使用，进而可以深入研究开展个人境外直接投资试点。离岸市场上离岸人民币与越来越多的币种实现实时报价以及自由兑换后，将进一步优化境内人民币汇率形成机制。而资本在跨境的不断流动也自然的为资本在境内与境外市场最终自由流动铺平道路。此外只有在自由贸易区内率先实现资本项目下开放后，并逐步实现人民币可自由兑换，人民币国际化才能真正起航，彻底摆脱目前人民币国际化以来采取的"跨境贸易 + 离岸金融"的模式。国内学者普遍认为日元国际化不成功的主要原因是日元采取"跨境贸易 + 离岸金融"模式，而这样的模式的害处是容易导致投机者利用在岸离岸价差进行套利，虚高跨境贸易额度，增加了境内央行货币政策调控的难度，催生境内资产价格泡沫。在离岸业务发展过程中逐步形成反映市场供求的均衡汇率水平。在此基础上改革外汇管理。

2. 建议加强金融基础设施建设为资本账户开放打基础

应该积极探索和推动全球人民币清算系统建设。只有建立自己的清算系统，才能保证国内金融系统的金融数据安全，也只有掌握了一手金融交易信息才会使动态金融监管得以实现。

要建立上海自贸区金融改革创新与上海国际金融建设的联动

机制。

第一，允许部分中资银行从事离岸业务。离岸金融业务是自由贸易区的重要组成部分，上海在建立自由贸易区的同时也要构建离岸金融市场。试验区对国内商业银行离岸业务探索风险管理和制度完善也进行尝试，建议允许区内符合条件的中资银行从事离岸业务。前期的工作重点可以是研究中资银行试点离岸金融业务的操作规范。如，银行如何建立一套离岸金融业务合规操作准则，打击国际市场洗黑钱以及恐怖金融等，以及国与国之间双重税收宽免协议、与银行客户税务信息交换等相关规定等。

第二，鼓励国内企业走出去开展国际投资融资理财，上海自贸区应尽快开始研究如何从制度上为这些国有企业提供便利。

第三，加强与国际区域的金融合作。上海自贸区在区域金融合作中也应该扮演一定角色，发展沪港金融互补、互助、互动关系，如可以考虑与香港联手积极探索亚洲美元市场建设，或成立风险平稳基金以应对潜在金融危机的发生。还应加强与全球主要国际金融中心的交流合作，探索互利共赢的合作机制。如，加强与东南亚地区金融交流合作。上海自贸区管委会或上海市政府可发起设立支持东南亚当地基础建设的开发银行或成立类似中投公司这样性质的公司但却以人民币为主的主权投资基金，为当地基础设施建设提供资金。在符合国家利益的前提下，在有关部门的支持下，适当降低准入门槛，允许吸引国际多边金融机构以及其分支机构入驻自贸区，以提升上海的国际金融地位，并使得上海在这些国际组织中发挥更大的作用和掌握更大的话语权。

建立中国（上海）自由贸易试验区的
理论探讨及外部环境分析

党的十八大报告明确指出，"要全面提高开放型经济水平，适应经济全球化新形势，必须实行更加积极主动的开放战略，完善互利共赢、多元平衡、安全高效的开放型经济体系"。为此，一些区域积极探索建立自由贸易园区，力求在更高的层次上整合资源，再造新优势。2013年8月3日，国务院常务会议通过《中国（上海）自由贸易试验区总体方案》，并强调建设中国（上海）自由贸易试验区（以下简称上海自贸区），是顺应全球经贸发展新趋势，更加积极主动对外开放的重大举措。中国（上海）自由贸易试验区将成为推进改革和提高开放型经济水平的"试验田"，形成可复制、可推广的经验，发挥示范带动、服务全国的积极作用，以拓展经济增长的新空间，打造中国经济"升级版"。建立中国（上海）自由贸易试验区作为一项国家战略改革出台，有其特定的历史背景和时代动因。

就国际形势而言，后金融危机时代，新的全球化经济治理格局正在形成。当前，美国正在亚太和欧洲推动 TPP（跨太平洋伙伴关系协议）、TTIP（跨大西洋贸易与投资伙伴协议）以及 TiSA（全球服务贸易协定）。TPP、TTIP 和 TiSA 都突破了传统意义上的自由贸易协定（FTA）模式，因此如果诸多协议谈判在预期内顺利完成，将在很大程度上改变世界经济贸易规则、标准和格局。中国（上海）自由贸易试验区设立就是要先行试验国际经贸新规则、新标准，积累新形势下参与双边、多边、区域合作的经验，为与美国等发达国家开展相关谈判提供参考，从而为中国参与新国际经贸规则的制定提供有力支撑。因此，中国（上海）自由贸易试验区的设立注定扮演中国加入 TPP、TiSA 的窗口角色。

就国内形势而言，在国际需求疲弱及劳动力成本升高导致产业转移的背景下，过去以出口为导向的经济发展模式已显得有些乏力，国内市场经济增长主要以投资为主，且经济效率仍较低，而依靠消费增长带动的经济增长模式仍无法担任主力，因此经济结构的转型升级必须依靠改革来谋出路。设立中国（上海）自由贸易试验区不仅有助于促进贸易活动，更能加速要素流动，并能通过加大对内对外开放力度，倒逼国内加快改革步伐，促进中国经济的转型升级。中国（上海）自由贸易试验区利用制度创新，将释放更多的制度红利，并能使创新制度建设向纵深方向发展。中国（上海）自由贸易试验区也将成为制度创新的"试验田"，试验"负面清单"管理模式，并逐步建立"以准入后监督为主，准入前负面清单方式许可管理为辅"的投资准入管理体制，促进外商投资便利化，为跨国公司经营和合作创造条件，提高开放的广度和深度。

在这样的背景下，对中国（上海）自由贸易试验区相关问题进行研究，具有较高的理论及现实意义。本章首先构建现阶段全面提升开放型经济水平的理论分析框架，在此基础上，剖析建立中国

（上海）自由贸易试验区的外部环境，并借鉴成熟自由贸易区发展经验。

第一节　现阶段全面提升开放型经济水平的理论分析

继续扩大对外开放是坚持中国特色社会主义道路的必然要求，关于对外开放，党的十八大报告提出了两个新要求：一要全面提高开放型经济水平；二要实行更加积极主动的开放战略，从而实现两个新目标，即完善互利共赢、多元平衡、安全高效的开放型经济体系和实现"两个转变"（加快转变对外经济发展方式及积极参与全球经济治理，转变在全球经济舞台上的角色定位）。这就需要我们进一步搞清楚这两个新目标的理论和政策含义，才能理解什么是更加积极主动的开放战略，什么是全面提高开放型经济水平。

（一）开放型经济体系的概念和分析框架

中国"开放型经济"的概念与西方国际经济学理论的最大区别是具有中国特色的实践性，但这种实践性又不偏离市场经济的导向，它的运行方向在相当程度上又必然与国际经济学的理论抽象和解释具有一致性。可以将西方国家的《国际经济学》教科书看作经济学家们对国际经济关系的知识体系的归纳和梳理，即对"开放型经济"的认识和理解（Appleyard，2000）。从抽象意义上说，微观经济学研究的是资源配置问题，宏观经济学研究资源的利用程度和积累问题。而国际经济学是在世界范围内研究相对应的问题，它的微观部分主要讨论世界范围内的资源配置问题，而宏观部分主要讨论在世界格局下资源利用的决定因素和国际传递机制问题。在叙述和刻画这个知识体系时，国际经济学的微观和宏观两部分通常被分为国际贸易理论和国际金融理论。国际贸易理论旨在说明贸易的决定机制和福利分配，以及贸易政策的影响及其依据；国际金融理论则主要说明国际经济活动（商品、服务贸易和资本国际流动）在各国国民收入决定中的地位和作用，以及各国国内经济活动对国际经济关系的影响。国际经济学知识体系还有两个有别于经济学的基本特征，一个是国际交易与国内交易不同，它普遍存在对贸易和要素流动的自然的与人为的障碍，此外还存在货币不同和国际收支的特殊现象，因此描述和解释这种交易需要有专门的理论体系；另一个是国际经济关系受各国制度和政策的影响，一国政策往往只考虑本国的福利和稳定，而未必考虑全世界的福利和稳定，各国政策目标的选择经常会与全世界的福利和稳定诉求不一致。从本质上说，各国政策的差异和冲突，实际是各国经济条件和市场运行机制上的差别造成的。而在封闭条件下，这些政策的差异和冲突问题便不存在，而在开放经济条件下，却需要有专门的理论来解释这些差别，以及弥合这种差别的政策选择和价值观念。从学理上说，开放经济理论在已有的知识体系中已被演绎得十分广泛和深入，但中国人受到"开放型经济"最全面、最普及、最深刻的知识灌输和实践训练并不是这些教科书的课程，而是加入世界贸易组织过程中的学习、模仿、价值观转变以及在某些问题上的苛刻煎熬。

从一定意义上说，对中国自创的"开放型经济"概念的理解，取决于中国对加入世界贸易组织所承诺的广度和深度。世界贸易组织的规则表面上看是中性的、公平的，但它的制定过程实际是由以美国为首的发达国家操纵的，主要反映的是发达国家的利益诉求，然而在"民主、自由"价值观的掩盖下，多数发展中国家以让渡部分国家主权的代价接受了它，使之成为全球普遍适用的"国际规则"。中国接受这一国际规则，当然也要付出让渡部分国家主权的代价。权衡这种让渡成本和开放收益，就成为"开放型经济"发展过程的一个重要因素。

在世界贸易组织的六项职能中①，最重要的是制定多边贸易规则。目前，世界贸易组织拥有 13 个货物贸易多边协议，服务贸易协议和与贸易有关的知识产权协议。此外，其他的多边贸易协议虽然在 WTO 框架内，但各成员方可有选择地参加。从货物贸易协议的主权让渡性质来看，基本属于边境开放或扩大开放的内容；但是，服务贸易的开放就不仅涉及边境开放，特别是商业存在方式所提供的服务内容，各个服务部门都不同程度地涉及境内开放问题。因此，目前各成员所做出的承诺还很不全面，而且即使在其所承诺的部门中，贸易壁垒也依然存在。

事实上，在中国宣布实行对外开放以后就积极准备接受国际经济规则和惯例，这种积极的姿态同时又是慎重的，这集中体现在 20 世纪 80 年代创办的经济特区和沿海开放城市，随后，中国在沿海和内地都创办了许多海关特殊监管区，从性质上看，这些举措都是边境开放的试验区。在边境开放的基本前提下，开放布局从沿海发展到内地、沿江和沿边；开放产业从制造业发展到农业和服务

---

① （1）制定多边贸易规则；（2）为谈判提供场所；（3）解决成员间争端；（4）审议贸易政策；（5）处理与其他国际经济组织的关系；（6）向发展中国家和最不发达国家提供技术援助和培训。

业；经贸关系从双边发展到多边、区域、次区域，中国的实践为自己提出的"开放型经济"提供了现实依据。可见，中国的开放型经济，其概念可以理解为，它是以自身的开放实践为基础的，以边境开放为基本特征的多层次、宽领域的、全方位的经济活动和体制变革过程；这是渐进和动态的过程，既履行对国际经济规则和惯例的承诺，又在规则和惯例的框架之内和之外延伸其广度和深度，有些已经进入境内开放和进一步制度、体制变革的深水区，它与国际经济学的理论解释愈来愈接近，但可能永远不重合。

随着中国开放经济活动多维度、多领域、多方式的展开，党的十七大报告首次用"开放型经济体系"来刻画这些活动的立体形象。这个形象可以勾勒出下面的一个分析框架。

1. 开放的部门和领域

①商品流动：物质产品的生产和贸易；②要素流动：资本和技术交易，吸收国际直接投资和中国企业对外投资；③服务流动：服务和信息的可贸易性（服务贸易的四种形式）。

2. 开放的空间布局

①沿海与开放城市（优惠政策的先期效应）；②内陆与沿江城市（市场准入的差别）；③边境地区（市场准入的差别）。

3. 开放的体制与政策含义

①边境开放：关税与非关税措施的削减；特殊区域：海关特殊监管区或自由贸易区；接受世界贸易组织的原则并兑现有关承诺。②境内开放：兑现加入世界贸易组织的有关承诺；人民币汇率体制与外汇管理、知识产权保护、环境与劳工政策、产业政策、竞争政

策、市场监管等经济金融政策与国际规则接轨或协调。

4. 开放的方式

①双边经贸关系；②多边经贸关系；③区域合作关系（上海合作组织、APEC 等）；④区域经济一体化（自由贸易区）。

5. 参与全球经济治理（平台角色与议题设置；公共品提供能力）

①治理平台（联合国、世界银行、国际货币基金组织、亚洲开发银行、八国集团协商机制、世界贸易组织、二十国集团协调机制、国际金融监管机制、全球气候变化谈判等）。②治理议题设置（平台中的各自表述或达成共识的议题）。③公共品提供能力（联合国经费、各国际金融机构中的资金份额、谈判中的发展援助、冲突地区的维和、对最不发达成员的发展援助等）。

（二）中国开放型经济体系的发展现状与完善

1. 边境开放的主要内容

（1）外贸法规和体制的调整。中国在非歧视原则、自由贸易原则和公平竞争原则下调整和修改不符合 WTO 规定的政策法规，从中央级的法律到 30 个政府部门的 3000 多个法规规章、19 万个地方规章制度得到了清理和调整，开展了大规模的法律法规清理修订工作，通过将世贸组织所倡导的统一性、透明度和公平贸易等基本原则转化为国内法律，修订了《中华人民共和国对外贸易法》。

（2）降低关税与撤除非关税措施。大幅降低关税，关税总水平由 2001 年的 15.3% 降至 2011 年的 9.10%，农产品平均税率由 18.8% 调整至 15.6%，工业品平均税率由 14.7% 调整至 8.7%。

2010 年降低鲜草莓等 6 个税目商品进口关税后，中国加入世界贸易组织承诺的关税减让义务全部履行完毕。此外，中国还不断削减非关税措施，取消了 424 个税号产品的进口配额、进口许可证和特定招标，分批取消了对 800 多个税务商品的管理措施。

（3）履行《服务贸易总协定》的承诺。在按 WTO 规则分类的 160 多个服务贸易部门的分部门中，中国已经不同程度地开放了 100 个，占 62.5%，接近发达成员平均水平（最不发达成员开放了 24 个，发展中成员开放了 54 个，发达成员开放了 108 个）；并将进一步开放 11 个分部门，已高于发展中国家的平均水平。

（4）开放布局已深入中国广大地区。继 20 世纪 80 年代开放经济特区和 14 个沿海城市后，1992 年开放了 18 个省区的省会和首府城市；并以上海浦东为龙头，开放沿江 5 个城市；在同一年，开放了沿边的 13 个边境城市。90 年代上半叶，中国已经基本完成国土开放的总体布局。

（5）经贸关系全面发展。中国已建立了 163 个双边经贸合作机制，签订了 129 个双边投资协定，与美、欧、日、英、俄均建立了经济战略对话。截至 2012 年底，中国正在商建的自贸区共 14 个，涉及 31 个国家和地区；已先后与东盟、巴基斯坦、智利、新西兰、新加坡、秘鲁、哥斯达黎加等国家或地区签署了自由贸易协议，与香港、澳门签署了《关于建立更紧密经贸关系的安排》，两岸签署了《海峡两岸经济合作框架协议》，促进了区域经济融合和经贸合作的深入发展。

（6）参与了全球经济治理。中国加入世界贸易组织后，除了不是八国集团协调机制成员外，几乎参与了所有全球经济治理的平台，并开始发挥作用，参加了世界贸易组织对各成员的贸易政策审议，特别是参加了二十国集团领导人峰会和财长、央行行长对话和协调，在全球金融危机治理中发挥了中国的影响力。

　　2. 境内开放的主要内容

　　境内开放的含义是，当其他经济体的商品和服务通过边境开放比较便利地进入东道国后遇到的体制和政策障碍，这些障碍有的在世界贸易组织的国民待遇原则条款中可以得到解决，有的并没有纳入世界贸易组织的协议条款，因此仍然存在。例如，一些经济体对国有企业的支持和补贴、劳工和环保政策以及不少原本只管辖本国经济活动的政策和只对本国经济运行发生影响的体制和制度，在开放深入后都会成为提出公平竞争要求的改革对象。货物贸易会涉及这些问题，但服务贸易的问题更突出，中国服务贸易的开放虽然已经达到和超过履行承诺的标准，但从服务贸易四种形式（跨境交付、境外消费、商业存在、自然人流动）的具体分项和开放的程度来看，开放水平还不是很高。

　　表 1-1 说明，要扩大中国服务部门的对外开放，必然涉足境内开放的深水区，境内开放的步伐将决定服务部门开放的广度和深度。从中国加入世界贸易组织以来，中国境内开放问题的争论焦点是人民币汇率。这仍然是由货物进出口贸易的不平衡造成的，或以此为借口的。在货币汇率和国际收支管理的国际规则中，只有国际货币基金组织规定了经常项目的开放规则，而中国早已实现了经常项目的可兑换。由于货币汇率和国际收支管理没有列入世界贸易组织的协议内容，因此这种争论缺乏国际规则的约束和仲裁，不可能有明显的结论，但对中国人民币汇率形成机制改革却有一定影响，

这说明，境内开放问题已经成为中国开放型经济完善和发展的新议题。

表 1-1　WTO 成员服务贸易开放承诺

单位：%

贸易模式		模式 1 跨境交付			模式 2 境外消费			模式 3 商业存在			模式 4 自然人流动		
承诺范围		无限	有限	未承	无限	有限	未承	无限	有限	未承	没限	有限	未承
准入	俄罗斯	64	30	6	75	19	6	25	71	4	2	93	5
	中国	21	21	57	52	3	45	1	52	46	0	55	45
	发达国家	65	11	25	87	12	2	39	60	1	0	100	0
	发展中国家	44	10	46	70	2	28	20	75	5	5	81	14
	转型	52	11	37	79	11	10	37	61	12	0	99	1
国民待遇	俄罗斯	63	33	4	69	26	5	17	81	2	2	96	2
	中国	44	1	54	55	0	45	30	20	50	0	55	45
	发达国家	70	5	25	95	3	2	0	97	3	17	83	1
	发展中国家	52	3	45	66	1	33	28	63	9	45	34	21
	转型国家	70	3	27	93	3	4	0	88	12	51	48	1

资料来源：WTO 网站。

现在，中国的对外开放姿态已被国内外普遍接受。但是，国内外欢迎中国继续扩大对外开放的出发点已经与以往有了明显的区别。中国人说继续扩大对外开放，在许多人的意识中可以解读为，我们从扩大开放中还能得到什么好处？外国人过去欢迎中国开放，仅仅是把它作为一种进步，并不认为对自己的利益有什么影响。现在外国人如果仍然抱着欢迎中国扩大对外开放的态度，那么它的本意是想表达现在我们能从中国的开放中得到什么好处。

中国货物贸易的增长是惊人的，其出口占世界市场的份额稳步提高，并有继续提高之势。2011 年世界货物贸易额为 182170 亿美元，中国、美国、德国为前三大出口国，占全球出口比重分别为 10.4%、8.1% 和 8.1%。美国、中国、德国为前三大进口国，占全球进口比重分别为 12.3%、9.5% 和 6.8%。2012 年全球贸易额约为 186724 亿美元，中国出口贸易的世界市场份额约为 10.97%，比上年提高了 0.57 个百分点。[①] 与几年前相比，各国与中国贸易的重要性正在超过美国。2006 年，与美国的贸易额超过与中国贸易额的经济体是 127 个，中国超过美国的是 70 个；但到了 2011 年，这个比例发生了戏剧性变化，与中国的贸易额超过与美国贸易额的经济体是 124 个，美国超过中国的是 76 个。

这种戏剧性的变化带来的直接结果是，我们从全球大多数贸易伙伴中都得到了增进福利的好处。根据中国海关 2012 年 12 月的统计，2012 年中国与全球贸易伙伴的贸易平衡关系是：55:180，即对 55 个经济体贸易逆差，对 180 个经济体贸易顺差。分地区表现如下。

亚洲：除伊朗、伊拉克、日本、科威特等 15 个经济体外，对其余 33 个经济体是贸易顺差；非洲：除南非、南苏丹等 16 个经济体外，对其余 45 个经济体是贸易顺差；欧洲：除对德国、奥地利等 11 个经济体外，对其余 39 个经济体是贸易顺差；拉丁美洲：除对巴西、智利、秘鲁等 7 个经济体外，对其余 42 个经济体是贸易顺差；北美：除对格陵兰外，对其余 4 个经济体是贸易顺差；澳洲：除对澳大利亚、新西兰等 5 个经济体外，对其余 17 个经济体是贸易顺差。

---

① 2011 年数据引自世界贸易网站，2012 年数据根据作者的推算。

与全球许多贸易伙伴的贸易关系不平衡，成为一些别有用心的人攻击中国的话柄，或成为"中国威胁论"的证明。再看国际投资活动，企业的对外投资通常被认为对东道国福利有增进，中国吸收外商投资的东道国福利便很明显。从 2000 年开始，中国正式提出实施企业"走出去"战略，到 2012 年当年中国企业海外投资已达 772 亿美元，中国宣称已跻身对外投资大国行列。但中国企业对外投资的东道国福利并没有受到国际社会的赞誉，相反，投资保护主义却一直困扰中国企业的一些投资活动。究其原因，与中国企业海外投资中并购比重较高有很大关系。

2007 年，中国企业 248 亿美元的海外投资中，并购比重还只占 23.8%，2008 年国际金融危机发生后，中国企业掀起了海外投资的热潮。2009 年，中国企业海外并购已经创下历史纪录，交易金额达 300 亿～350 亿美元，这比 2008 年高出 3 倍多。2010 年，中国对外直接投资净额（流量）为 688.1 亿美元，其中，企业以并购方式实现的直接投资为 297 亿美元，占流量总额的 43.2%。并购领域涉及采矿、制造、电力生产和供应、专业技术服务和金融等行业。2011 年，中国对外直接投资净额（流量）实现了自数据发布以来连续十年的增长，达到 746.5 亿美元，同比增长 8.5%，国家商务部宣布当年以并购方式实现的直接投资 272 亿美元，占流量总额的 36.4%，并购领域以采矿业、制造业、电力生产和供应业为主。但根据中国电子商务研究中心的数据，2011 年，中国企业海外投资并购 207 宗，规模约 429 亿美元，与 2010 年同期相比，并购规模和金额增长 12%。投资并购涉及能源、矿产、基础设施、金融保险、奢侈品、高端制造业、生物医药、高档酒店及房地产等

28 个领域及 52 个国家和地区。2012 年中国海外投资实现大幅增长：全年共宣布 329 起中国企业海外并购业务，其中披露金额的有 253 起，交易总额约为 665 亿美元，同比增加 244%。按照被收购方所在国家统计，加拿大、美国和澳大利亚是中国企业投资前三位的国家，分别为 211 亿美元、111 亿美元和 80 亿美元；投资的行业中，能源和电力仍然占据最大份额（56%），其次是材料（12%）和工业（9%）行业。[①]

根据清科研究中心统计数据，2009～2012 年上半年，100 多家央企在三年半间完成海外并购交易 35 起，披露交易金额的 32 起交易共涉及 447.37 亿美元，每笔交易的平均金额达 13.98 亿美元；国资企业同期共完成海外并购交易 109 起，其中披露交易金额的 89 起案例共涉及 212.71 亿美元，平均交易金额 2.39 亿美元；民营企业共完成海外并购交易 118 起，83 起披露交易金额 105.69 亿美元，平均交易金额为 1.27 亿美元。

表 1－2　中国企业海外并购统计

单位：百万美元，%

企业类型	案例数	占比	案例数（披露金额）	并购总额	占比	平均并购金额
中央企业	35	13.2	32	44737.34	58.2	1398.04
国资企业	109	41.1	89	21270.91	27.7	239.00
民营企业	118	44.5	83	10569.03	13.8	127.34
未 披 露	3	1.1	1	235.85	0.3	235.85
总　　计	265	100.0	205	76813.16	100.0	360.63

资料来源：清科研究中心。

---

① 数据引自清科研究中心和税务部：《商务动态经济指标》，2012 年 12 月。

以并购方式实现的企业投资，只对原有企业的股权和资产进行了购买，并不产生新的生产能力和就业增量，有的甚至还会出现裁员现象，因此对东道国的福利效果不明显，而且，并购方式的投资多数是投向资源能源性产业，容易出现"掠夺"的恶评，再加上能够进行大金额并购的企业，多数是国有企业和中央国有企业，因此也易遭到"阴谋论"的诽谤，屡屡遭到投资保护主义的阻挠就不奇怪了。

2007年党的十七大总结了中国开放型经济发展的经验、针对存在的问题以及对未来深入开放后可能产生的风险，不仅首次把中国的开放战略定位为"互利共赢"，提出要扩大同各方利益的汇合点；还在中国的开放型经济体系前面加上了三个定语：内外联动、互利共赢、安全高效。内外联动是对中国开放型经济的经验总结。30多年来，以开放促改革，以改革促开放，这种良性互动不断地把改革和开放引向深入。加入世界贸易组织后，对外承诺"遵守规则、开放市场"，对内进行有关法律法规的"废、改、立"，使对外开放既建立在国内改革的基础上，又促进对外开放从政策性开放向制度性开放转变。党的十八大报告根据中国开放型经济的发展和未来完善的方向，修改了开放型经济的提法，开放型经济体系的三个定语改变为：互利共赢、多元平衡、安全高效。三个定语的政策含义可以理解为：要实现互利共赢，应当增加货物进口，以减少对许多贸易伙伴的贸易顺差；在对外投资活动中，应当考虑增加中国企业对外投资的东道国福利，寻求双方共同获益的投资方式和领域。多元平衡的内容包括进出口贸易平衡、国际收支平衡、沿海与内地开放平衡、深化国内改革与扩大对外开放平衡、双边与多边及其他合作方式的平衡、在参与全球经济治理中权利与义务的平衡等。而要实现这些平衡，就必须实行对外经济发展方式的转变，本章下一节将具体分析它的内容。提出安全高效的目的，是在对外开放深入进行条件下对风险的预警。这是总结了中国抵御亚洲金融危机的经验后提出的认识，抵御国际金融危机的经验进一步深化了扩大开放的风险意识，因此要继续改革和完善涉外经济体制，这包括进口贸易管理体制、"走出去"的政策扶持体制、金融改革和金融体制、人民币汇率体制、外汇管理体制、资源品价格改革及其储备体制，等等。这些都是完善开放型经济体系的重要内容。

（三）实现两个转变之一：加快转变对外经济发展方式

1. 从原来主要发展商品出口向进出口并重转变

过去 30 多年，商品出口的重要性和政策激励我们已经有了比较深入的认识和理解，成就也已经很辉煌，现在为什么要把进口贸易提高到转变对外经济发展方式的高度来认识，这是需要深入研究的。"互利共赢"和贸易平衡固然是一个重要原因，但扩大进口的经济学依据是什么，这才是经济学需要研究的问题。总体来看，中国进口商品结构是生产型和需求拉动型的，资源品、资本品进口比重呈现上升趋势，中间品进口比重呈现下降趋势，消费品进口比重只有小幅度上升。如果仅是因为考虑贸易平衡而扩大进口，将缺乏可持续性，也缺乏刺激政策的针对性，因此要从有利于国内进一步发展的视角来审视这个问题，才能找到扩大和刺激进口的政策依据。

关于进口对经济增长的贡献，近年代表性成果有，Kanta

Manwaha 和 Akbar Tavakoli（2004）分析 FDI 和进口对亚洲四个国家经济增长的贡献份额，发现进口对这四国经济增长有益。Filip Abraham 和 Jan van Hove（2005）发现美国贸易赤字的消长与经济增长率的高低成正比，美国经常项目赤字扩大年份的经济增长率往往较高，而经常项目赤字较低年份的经济增长率一般较低。UÇaki（2011）则以土耳其为研究对象，分析了进口对该国经济增长的积极影响。近年来，中国学者的相关研究总体上认为中国进口有益于经济增长，如佟家栋（1995）、许和连和赖明（2002）、范柏乃和王益兵（2004）、徐光耀（2007）、陈勇兵等（2011），比如陈勇兵（2011）测算认为中国消费者由于进口种类增长而获得的福利相当于中国 GDP 的 0.84%。从进口贸易对产业结构升级的影响机制和进口贸易对经济增长的制度创新机制的视角来考虑扩大进口规模和优化进口结构，这可以从进口结构的不同类别加以分析。

首先，在中国初级品的进口中，要保持粮、棉、食用油、大豆等产品进口的合理增长，以节约土地资源，但要与国内食品保障安全和储备制度相配套；能源和矿产品的进口，不应盲目加速增长，要从合理消费、提高资源利用效率和培育新能源的视角配置进口规模，为此，要通过能源资源品价格改革来促进进口规模的合理调整。其次，资本品进口原则上应保持增长势头，但也要优化结构，要采取政策手段促进大型机器设备、工作母机的进口，以提高资本品的生产效率；特别是要注意引进数字化、智能化的设施及环保和新能源设施，更好地应对和利用世界第三次工业革命的挑战和机遇。再次，在中间品的进口中，要逐步改变中国进口关键零部件、国内生产大量消耗资源能源的配套产品加以组装和加工的现状。关键零部件的生产要逐步实现进口替代，鼓励国内生产，而消耗能源资源的中间品生产应逐步由国内生产转为"走出去"生产。要通过价格改革，促进进料加工贸易企业多使用境外的能源资源消耗型中间品。最后，消费品的进口，应更多从改善中国人力资本素质着眼，采取政策手段，多进口先进的、适用的教育消费品，如教材、教学设施；医疗器械和设施；公共卫生设施和体育运动器具和设施；以及科研设备、器材和设施。

2. 从原来以吸引外资流入为主向"引进来"与"走出去"并重转变

这个转变的现实迫切性当然是"互利共赢"的要求，但如果仅仅是提出"互利共赢"的良好愿望以及平衡国际收支的目标则是不够的，需要寻找它的经济学逻辑和依据。以往中国吸收外商投资也好，鼓励企业走出去也罢，其经济学的逻辑都是基于扩大需求的考虑，吸收外资是为了增强资本形成能力，满足国内扩大投资的需求；鼓励企业"走出去"，十分重要的目标是满足国内的能源资源品需求和绕过贸易壁垒、扩大出口贸易的需求。这些都是必要的，但如果只依据这样的理念和经济学的逻辑，那就很难兼顾"互利共赢"。

要实现这个转变，首先要转变对外经济发展的经济学理念和逻辑，应当从供给面考虑如何使中国企业"走出去"，既能增进中国的福利，又能使东道国获利（Feldstein，1980）。"供应学派"由美国经济学家裴得·万尼斯基在 1975 年命名。除了裴得·万尼斯基外，罗伯特·蒙代尔和亚瑟·拉弗是另外两位极力推崇"供应学派"的经济学家。毋庸讳言的是，供应学派的经济学理论并未形成像凯恩斯经济学那样的独立体系，而且"供应学派"的经济政策在主张上也并不与"供应学派"经济学家的理论完全相同。在经济政策实践中，供应经济学理论偏重供给方面的改善，如减轻企业的税收负担、改进生产技术以及其他要素的素质，还包括提高劳动的参与率等。从供应经济学的逻辑考虑，中国企业走出去应当扩大生产型的实体项目投资，这样才能增进东道国的就业和福利（Rainer Klump et al.，2007）。但这样又如何兼顾本国的利益呢？这就需要考虑投资的结构问题。一般性地提出转移过剩产能为什么实际行不通，因为它没有回答谁是过剩产能的需求者。海外投资的加工制造项目应以生产中国国内资源能源消耗型的中间品为主，投资地也应选择资源能源富集地区，产品需求者是中国，建立起中国与生产地的经济联系，还能扩大进口贸易；过剩产能的转移要以工程承包建设项目为先导，由该承包建设项目为产品需求者。从供给面考虑，中国企业海外投资的更重要功能是投资于技术和研发部门，这样既能使东道国富集的人力资本提高就业机会，同时又能使中国获得技术工艺、管理、知识和人才等战略资源，从而改善中国企业的技术进步能力。从经济总体上看，中国能源资源的消耗不宜过度增长，因此，海外能源和资源的投资力度应与国内相关产品的价格改革相配套，否则会盲目刺激国内消费，给生态环境造成负面影响。农业企业"走出去"，扩大农产品供给来源是符合中国利益的，但要与国内生产者利益相协调，关键是要建立和完善有关产品的储备机制。

中国企业海外投资结构中，制造业投资比重较低，研究和技术部门的海外投资更低，这种状况需要逐步改变，其中，实现这个转变的应有之义是要转变中国国家级对外投资企业的政策目标，不应把盈利放在首位，而应把实现国家供给面管理的目标放在首位，因此它原则上应是政策性的，而不应是商业性的，并以此为依据建立一套相适应的考核指标。这种政策性投资机构应当扩大到省市一级，才能有效促进中国企业海外投资的健康发展。

3. 从原来主要发展商品贸易向商品与服务贸易并重转变

中国服务贸易的"十二五"发展目标主要表现在三方面：①稳步扩大规模。根据中国服务贸易中长期发展目标测算，预计中国2015年服务进出口总额约为7000亿美元。2010～2015年，年均增幅为15%。②结构不断优化。提高通信、计算机和信息服务、金融、文化、咨询等智力密集、技术密集和高附加值现代服务贸易占中国服务贸易出口总额的比重。③提高服务贸易国际竞争力。对外承包工程、劳务合作、运输、旅游、通信、计算机和信息服务、金融、文化、咨询、分销、研发等行业服务出口规模显著扩大，与货物贸易和境外投资协调发展，培育一批拥有自主知识产权和知名品牌的重点企业，打造"中国服务"。境外商业存在数量明显增加，加快培育一批具备国际资质和品牌的服务外包企业，国际市场开拓能力逐步提升。

实事求是说，这个发展目标只是服务出口贸易的发展目标，是典型的需求管理指标，在发展目标的制定者看来，服务进口只能是自然的结果，而无须操心。这个思路大大制约了中国服务贸易的发展并严重限制了它所需要发挥的功能。长期以来，中国实际工作部门和研究部门形成了比较重视出口贸易而低估甚至忽视进口贸易在经济增长中作用的倾向。在贸易政策方面，国家出口退税等政策措施鼓励出口，而对进口则实行不同程度的关税和非关税限制措施；在学术研究方面，有关对外贸易与经济增长关系方面的研究大多集中在出口与经济增长的关系上，而对进口的作用却关注较少。但是，随着中国经济由高速增长降为次高速增长阶段，以及资源环境约束的不断加大，长期以来的需求管理必将转向需求管理与供给管理并重的新阶段，由此进口贸易对中国经济增长将发挥更大作用，中国对外开放亦将由出口导向转向进出口并重的开放新阶段。因此，详尽研究进口促进经济增长的机制与条件，发挥进口调节经济、促进潜在经济增长率提高的作用对于中国下一阶段的经济发展，将具有非常重要的意义。从近两年的发展形势看，服务进口增长快于出口可能将成为常态。

服务出口贸易增速下降的一个重要原因是，中国目前服务产品的比较优势与货物产品是相同的，即基本都体现为劳动密集型，未来确实应当培育新的具有技术和知识优势竞争力的服务产品，但要看到，中国这种产品的外需是有限的，面临的竞争形势更严峻。过度生产劳动密集型产品又面临与货物出口争夺资源的矛盾，因此，服务贸易的长期发展应当转变思路。这个转变的良好条件是中国没有经常项目收支的压力，所以从相当长一个时期来看，服务贸易可以把贸易逆差作为常态对待，无须改变。而应把服务贸易进口作为发展目标的重点加以考虑，这就需要进一步优化进出口结构。

从这个结构可以看出，中国的服务贸易出口，除在运输和建筑领域还有潜力外，其他领域的增长空间都不会太大，然而在服务进口领域，可以有较大幅度增长的领域还不少。应当借鉴供应经济学的逻辑方法，以改善国内生产要素素质、提高国内要素生产率为战略目标，采取政策性手段，努力扩大进口并不断优化结构，政策鼓励的进口服务产品主要有专利、品牌（购买与租赁）、技术培训、知识和信息的购买、引进智力（管理人员和科研人员）、教育服务、医疗康复服务、公共卫生服务、对外资在华研究开发活动的支持等。

4. 从政策优惠型加工贸易向国际通常的产业内贸易转变

关于加工贸易，国内的争论很多，一般都把它作为低级形态来对待，这是一个误区。加工贸易的原本意义，就是国际贸易学中的产业内贸易和公司内贸易，并没有高低的区别，但在中国发展的初期阶段，这种产业内贸易的发展需要借助海关优惠政策才能得以支撑，即需要通过保税措施进口加工的原材料和零部件（国内没有），生产才能起步，需要市场在外，才能解决需求（国内没有），所以是两头在外。今天，情况已经发生变化，两头在外的必要性已经大大降低。因此，加工贸易已有条件从原来主要依靠海关监管优惠的特殊加工贸易向通常的加工贸易（正常的产业内贸易）转变。这种转变事实上已经发生，它首先表现为，加工贸易中的来料加工装配形式向进料加工贸易方式转变。前者不是法人企业，只利用廉价劳动力收取加工费，是完整意义的两头在外；后者是企业法人，有企业的成本和利润核算，可以进口境外保税的原材料和零部件，也可以在国内采购，是不完整意义的两头在外。1995～2012年，来料加工装配方式的进出口贸易额在整个加工贸易中的比重已经从28.0%降到13.6%。①

---

① 根据海关统计计算。

而进料加工贸易方式的转型升级另有多种形式：第一种是通过产业系列扩张，即从加工劳动密集型产品向加工技术含量较高的产品方向拓展中实现升级，这使许多企业的技术、设备和经营能力增强；第二种是从简单的委托加工（OEM）升级为设计加工（ODM），这在广东已经大量发生。这两种升级已经使进料加工贸易的境内增值率大幅度提高。第三种是贸易企业升级为品牌加工（OBM）供应商，这种升级现象虽然很少，但也已经发生。

5. 从主要发展双边经贸关系为主向统筹双边、多边和区域、次区域经贸合作方向转变

在发展双边经贸关系中，容易偏向大国经贸关系，大国经贸关系固然重要，但也容易忽略与小经济体的经贸关系，这就难以做到扩大各方利益的会合点，也难以建立国际经贸的统一战线，在争取公平、合理的国际经贸关系中必然势单力薄。因此，这种统筹关系的实质就是中国在与各国利益关系中的"取"与"予"的关系；更简单地说，就是如何能做到少取多予，而又不过分丧失自己的利益。

与美国相比，以中国为最大贸易伙伴的经济体明显少。2011年，以中国为最大的贸易伙伴的经济体有16个，分别是美国、日本、韩国、中国香港、中国澳门、马来西亚、俄罗斯、澳大利亚、巴西、智利、埃塞俄比亚、南非、多哥、也门、阿曼、毛里塔尼亚。这些大多是亚洲的大经济体和金砖国家。以美国为最大贸易伙伴的经济体有26个，分别是阿尔及利亚、巴哈马、百慕大群岛、伯利兹、柬埔寨、加拿大、中国、哥伦比亚、哥斯达黎加、多米尼克、多米尼加共和国、萨尔瓦多、危地马拉、圭亚那、以色列、牙

买加、黎巴嫩、墨西哥、阿鲁巴、尼加拉瓜、尼日利亚、秘鲁、圣基茨和尼维斯联邦、圣文森特和格林纳丁斯、特立尼达和多巴哥共和国、埃及。这些大多是中南美洲的小经济体。这种状况正是美国发展区域和次区域合作的结果。因此，中国应在统筹各种经贸合作中加强与小经济体的经贸联系，进一步推进国际市场多元化。

6. 从主要依靠土地、劳动力廉价的要素禀赋优势向培育国际竞争的新优势转变

以往中国的国际竞争优势，如土地和廉价劳动力等，都是从扩大需求，特别是从刺激投资和外需的维度来考虑和加以发挥的，现在这方面的文章可以继续做下去的空间和回旋余地已经大大弱化了，今后应当从新的思维出发，从新的经济学逻辑出发来考虑如何培育国际竞争新优势。借鉴和引申供应经济学的理论，未来培育中国国际竞争的新优势，可以找到以下几个方面。

（1）培育人力资本新优势。未来大量劳动密集型企业的存在是必然的。那么它们的优势在哪里呢？它们的优势在于形成新型的劳动密集型制造企业。竞争力不仅取决于工资水平，还取决于劳动生产率和单位产品成本。工资水平提高并不绝对意味着竞争力下降，如果劳动生产率提高，单位成本下降，有可能抵消工资水平上涨的不利影响。而要提高劳动生产率，也不仅仅只有资本替代这一途径，提高人力资本水平，也是提高劳动生产率的重要途径。因此要创造有利于人力资本积累的政策环境。政府要发挥更积极的作用。在教育和培训的供给方面，政府应该增加公共投入，降低家庭和个人的教育（培训）支出比重。同时，通过劳动力市场制度建设，政府可以矫正失灵的市场信号，提高人力资本回报率，引导家

庭和个人对人力资本投资。还要创造有利于提高劳动生产率的政策环境。

（2）提高企业技术创新能力和产品的研发能力，并积极参与国际标准的制定。在技术创新的基础上培育产品的品牌。加快培育自主品牌，提高产品的品牌竞争力。自主品牌应理解为所有权的归属，它既包括自创，也包括购买等其他形式。创新也有许多形式，有技术革命型创新，它能促进新兴产业诞生、重新组织国际分工和大量企业涌现；也有国际分工条件下价值链环节中的二次创新，其中，既有原创型的，也有适应型、改进型、提升型的；既有完全自主知识产权的，也有引进、吸收消化再创新的，应当鼓励企业因地制宜、因厂制宜开展各种创新。

（3）采取精细化生产，通过管理创新提升产品质量和档次。许多中小企业没有能力采取资本替代措施，也不具备技术创新的各种条件，但它们依旧可以在现有技术和工艺条件下，通过精细化管理，节约成本，提高产品质量，并提高产品的附加值，使产品比过去更有竞争力。

（4）培育新的商业模式。通过专业分工，少数有竞争力的企业将不具有优势的生产环节外包，集中资源发展优势的生产和经营环节，并以生产性服务为龙头，跨地区、跨行业，把大量中小企业连接为完整的供应链，形成整体对外竞争的新优势。集中供应链体系的优势是当代国际经济竞争的新实践。

（5）发展电子商务。发展电子商务，不仅创新技术和管理，也为创新贸易方式、发展新型业态的服务供应商拓展了空间。随着互联网技术的发展，中国电子商务已有很大发展。运用电子信息和互联网技术手段降低企业经营成本，创新贸易方式，更大范围拓展国际市场份额，成为企业的新实践。

（6）打造新型的国际商务平台。在原有国内市场基础上，改造传统商品市场，引进国际商务的技术手段、运营模式和广告宣传，形成更多的生产性服务项目和服务供应商，形成专门的和综合的生产与服务相联系的供应链体系，打造更多的义乌国际商品交易模式。

（7）企业"走出去"建立国际商务渠道。开拓国际商务渠道是改变传统竞争优势的最有力步骤。海外市场开拓和技术、管理要素的输入不仅需要依靠现有的境外服务供应商，更需要境内服务供应商"走出去"，在海外建立国际渠道，深耕海外市场，进一步加大中国商品在海外流通领域的竞争力和市场开拓能力，加大从海外输入有利于中国改善潜在经济增长的各种要素。

（8）在产业转移中形成沿海与内地互连互补的专业分工关系。以空间延续廉价劳动要素的优势。中西部地区将会更多承接劳动密集型产业，但是不应该重复沿海地区早期工业化的模式。应当在沿海向内地的产业转移中，保持沿海与内地的专业分工联系，建立互补的产业体系，形成沿海与内地优势互补，沿海与内地紧密结合的供应链体系，在国际经济竞争中发挥中国大国的综合竞争优势。

（四）实现两个转变之二：转变在全球经济舞台上的角色定位

积极参与全球经济治理已成为全面提高中国开放型经济水平的重要内容，其目的是要转变中国在全球经济舞台上的角色定位。即从过去主要是被动地接受和适应国际经济规则的参与者角色向积极参与全球经济治理、参与国际经济规则的制定、发挥负责任大国作用的角色转变。

中国参与全球经济治理面临两大制约因素：第一是提供全球公共品的能力还不够。全球经济治理的经济学含义是处理全球公共品的需求和供给的关系，中国作为世界第二大经济体，国际社会不可能只要求中国主要是这种公共品的需求方。中国经济总量虽然跃居第二，但经济质量、综合国力仍然落后；尤其中国经济发展日益依赖全球的资源、技术和要素供给以及世界市场，这种需求的增长速度和规模与中国能够向全球提供的市场、资本供给要快得多也大得多。这种取与予之间的不平衡是中国的自然资源禀赋和人口状况，以及长期落后所造成的，也是短期内难以改变的。因此在参与全球经济治理中必然经常遇到的难题是，如何回答国际社会对中国少取多予的呼吁。正如美国学者所说，全球经济治理是一种公共品，几乎只有具备霸权条件的国家才有可能生产和提供。这虽然是霸权主义的理论逻辑，但中国没有太大余力提供这种公共品却是不争的事实。

第二是中国国内的体制和政策还不能完全适应扩大开放的要求。虽然中国经济的市场化程度已经不低，但政府对产业的干预不当、存在某些行政垄断以及国有企业改革仍然不到位，劳动力市场和收入分配政策、环境保护和知识产权保护等方面，均存在与国际规则不完全相符的问题，在扩大开放中还不能安全摆脱被动适应的局面，参与全球经济治理仍然主要是解决自己的问题，而不主要是纠正国际社会的不公正和不公平现象。

更直接的挑战是来自美国全球经济治理战略和措施对中国的遏

制和制约。1995 年世界贸易组织成立后，标志着制约美欧主导的贸易投资自由化的边境障碍问题已经有了全球规则和治理平台，特别是中国的加入，宣告了解决要素流动的边境障碍问题已经基本结束。对 WTO 成立后的多哈回合谈判所涉及的发展议题，美国没有兴趣。随后发生了国际金融危机，使美国智库和当权派认为，全球经济治理的焦点已经转向世界经济再平衡。从适应世界经济再平衡的全球治理战略和讨论议题来看，WTO 成为美国战略利用工具的价值显然没有预期的那么大，为此美国选择了 G20。一方面可以绕开多哈回合谈判，重新开设美国感兴趣的议题；另一方面可以回避由 157 个成员组成的难以掌控的 WTO 格局，在较小的治理平台中发挥美国的掌控力。

G20 谈判协调机制在国际金融监管方面取得了一定成效，如促进了巴塞尔协议 3 的产生和国际认同，但在改革国际金融秩序和国际组织方面却乏善可陈；尤其是美国试图在 G20 治理平台中把世界经济再平衡的责任与中国人民币汇率、贸易顺差等问题密切联系，企图通过打压中国的国际市场空间来为美国重新塑造国际分工体系扫清道路。萨默斯说，美国应成为唯一的出口导向型国家，中国应以内需为主。奥巴马上台前为美国设计的重新塑造国际分工的产业基础是非化石新能源产业，可惜有心栽花花不开，美国试图通过新能源产业重新塑造国际分工的可能性微乎其微。而且，在中国人民币汇率不断升值和贸易顺差不断减少的情况下，也并没有使美国期待的"重振制造业"和"出口倍增"出现奇迹。世界经济再平衡无论在理论逻辑和实践应用上都基本破产。

在奥巴马第一任期末期，美国智库和当权派的全球经济治理的战略思想开始发生变化。2012 年 5 月 3 日美国副国务卿霍马茨在美国商会组织的会议上第一次提出了中国的"国家资本主义"问题①，认为中国实行的国家资本主义，支持了国有企业，妨碍了公平竞争，阻碍了美国商品和服务进入中国市场。2012 年美国贸易代表处向国会所做的关于中国履行 WTO 承诺的报告②，也提出了中国的"国家资本主义"问题，此后，美国智库纷纷响应，所谓"竞争性中立""反竞争扭曲"一时成为经济治理的主题词。其战略思想是在解决要素流动的边境障碍后，深入解决经济体内部的市场障碍问题。

为了制造舆论，美国近两年在多边经贸体制方面鼓吹新世纪、新议题和新纪律；同时，为回应美国商会提出亚太地区是经济利益焦点的呼吁，奥巴马政府高调提出重返亚太地区，并设计和筹划了"泛太平洋合作伙伴"（TPP）的所谓高水平区域合作，把政府采购、国企运营、产业政策、劳工政策和知识产权等边境内市场问题均纳入协议范围，使其新战略有了实行的范本。奥巴马在竞选辩论中说："我们没有将中国包含在内，建立起与其他国家的贸易关系，这样可以让中国开始感受到遵循基本国际标准的压力。"由此可见，美国新的全球经济治理的理论依据是反"国家资本主义"的"竞争扭曲"，实践版本是这个所谓高水平的区域合作计划。这构成了奥巴马下一任期全球经济治理的基本方案和路线图。

如何应对挑战？首先我们应深刻认识到：从边境开放向境内体

---

① 中国美国商会官方网站，http：//www. amchamchina. org。
② 美国贸易代表处官方网站，http：//www. ustr. gov/。

制性开放过渡，即如何使国内体制、经济与社会、环境保护政策与国际接轨，既是当前中国参与全球经济治理面临的新挑战，也是十八大以后中国如何扩大开放需要解决的新课题。美国反对"国家资本主义"的理论，从根本利益考虑还是为了争取更大的市场空间。中国市场潜力的巨大是任何国家都看得很清楚的，各国都想在中国争取更大的市场份额。从某种意义上说，这种欲望与中国希望成为位居世界前列的国际市场的定位并没有矛盾。中国继续对外开放，既包括继续扩大开放国内的商品和服务市场；还包括倒逼国内有关领域的改革继续深化。从这个意义上说，中国既有与美国等贸易伙伴谈判协商的余地，也有提出中国利益诉求和治理议题的砝码。

其次，为加强贸易投资自由化动力机制，策略上应在边境开放上做较大让步，而在境内开放上采取审慎、渐进步伐。贸易投资自由化的实践动力来源于务实推动自由贸易区建立和区域经济合作。中国已经先后与一些国家和地区建立了各种形式的区域经济贸易合作关系，对于促进全球经济治理起到良好的推动作用。这是中国向世界提供的最务实的公共品，也是中国参与全球经济治理最务实的措施。中国应采取更加积极主动的姿态，推进自由贸易区谈判进程，并在边境开放问题上做较大让步。境内开放所涉及的敏感问题更多，应采取渐进式开放的趋向，并与国内深化改革的步子相适应。为了应对美国"TPP"合作范式的挑战，中国应积极支持有关贸易伙伴，特别是支持东盟等贸易伙伴提出的"RCEP"（区域全面经济伙伴关系）的区域经济合作的动议，把东盟10国与中、日、韩、印度、澳、新等共16国的区域合作谈判推动起来，并在边境开放上做出让步，以争取时间推进国内改革，并抵消美国"TPP"的影响。

基于以上分析，全面提高中国的开放型经济水平，首先是要完善中国的开放型经济体系，这是一个以中国改革开放的实践创造为基础、以国际规则和国际惯例范式为导向的对外经济活动整体运行的制度性框架，它是动态发展的；现阶段它的主要特征是边境开放，解决要素在边境之间的自由流动。完善中国的开放型经济体系，需要解决好与世界之间的"取"与"予"的关系，实现互利共赢，并在这个过程中平衡各种矛盾关系，达到国家安全和经济高效运行的目标。此外，全面提高中国的开放型经济水平，还要实现两个转变。转变对外经济发展方式的经济学含义是，不仅要从需求面考虑对外经济活动的绩效，未来还要从供给面考虑改善对外经济活动的成效；转变中国在全球经济舞台上的角色定位，意味着不仅要提高中国为全球提供公共品的能力，还要继续逐步完成从边境开放向境内体制性开放过渡的改革任务，即实现国内体制、经济与社会、环境保护政策与国际规则、惯例和新潮流的深度接轨。

第二节　中国（上海）自由贸易试验区外部环境分析

当前，国际经济环境变化导致的外需不足已经成为我国经济继续健康发展的严重障碍，而开拓新兴市场、扩大旧有市场规模和自由度已经成为客观要求。而这些外部环境变化的主要表现在于：人民币国际化进程受阻或者放缓、区域经济一体化趋势日益强化、和平发展和平崛起仍是世界主流、世贸组织新一轮谈判停滞不前、国际主要经济体集体下滑、贸易摩擦等争端层出不穷、世界面临新一轮通货膨胀等几个方面①。与此同时，由美欧主导的跨太平洋伙伴关系协定（TPP）、跨大西洋贸易与投资协定（TTIP）、服务贸易协定谈判（TiSA）以及日欧经济伙伴关系协定等，事实上在发达经济体间形成了新的"神圣同盟"（李杨，2013）。中国必须面对并打破自身经济利益所设置的与全球市场经济地位国家之间的重重障碍，保持与全球经济总量超过 80% 的 TTP、TTIP、TASA 体系兼容，从而在适应全球 WTO 呆滞、新经贸新秩序颠覆性出笼之际的大环境下，中国（上海）自由贸易试验区才能有所成就，并为接轨国际大多数国家、找到更广泛融合、真正可持续的发展模式做出探索。

（一）跨太平洋伙伴关系协定

TPP 最初是由新加坡、新西兰、智利和文莱四国于 2005 年亚太经合组织（APEC）框架内签署的小型多边贸易协定。这一多边关系的自由贸易协定从 2002 年就开始酝酿，旨在促进亚太地区的贸易自由化。在 2009 年新加坡 APEC 会议上，美国高调加入 TPP。由此，TPP 扩大到 9 个国家（加了澳大利亚、秘鲁、越南、马来西亚），美国借助 TPP 的已有协议，开始推行自己的贸易议题，全方位主导 TPP 谈判。自此，跨太平洋战略经济伙伴关系协议更名为跨太平洋伙伴关系协议，开始进入发展壮大阶段。2011 年 11 月 10 日，日本正式决定加入 TPP 谈判，2012 年 10 月 8 日，墨西哥经济

---

① 杨枝煌：《我国自由贸易区科学发展的战略推进》，《岭南学刊》2003 年第 1 期。

部宣布，墨西哥已完成相关手续，正式成为跨太平洋伙伴关系协定（TPP）第 10 个成员；2012 年 10 月 9 日，加拿大遗产部部长莫尔代表国际贸易部部长法斯特在温哥华宣布，加正式加入 TPP。2013 年 9 月 10 日，韩国宣布加入 TPP 谈判。而中国没有被邀请参与 TPP 谈判。美国在多边经贸体制方面鼓吹新世纪、新议题和新纪律；同时，为回应美国商会提出亚太地区是经济利益焦点的呼吁，奥巴马政府高调提出重返亚太地区，并设计和筹划了"泛太平洋合作伙伴"的所谓高水平区域合作，把政府采购、国企运营、产业政策、劳工政策和知识产权等边境内市场问题纳入协议范围，使其新战略有了实行的范本。

1. TPP 对中国经贸利益的影响

（1）贸易转移的风险将使我国经济福利受到严重损失

我国政府对加入 TPP 持开放态度，但未表态是否加入 TPP。假设中国在中短期内不加入 TPP，根据 TPP 的谈判进展、成员不断扩大和谈判议题不断扩张等情形，综合考虑关税减让、服务自由化、贸易便利化等影响因素，TPP 将对中国经贸产生巨大的负面冲击。不包括中国的 TPP，若整合成功会使得区域内的贸易关税降为零，中国会因此受到更大程度的贸易转向效应以及排他性效应的影响，进而给中国出口、跨境直接投资乃至经济增长带来负面冲击。

（2）高标准的进入门槛将使我国战略性新兴产业发展陷入两难境地

对于 TPP 所确立的涵盖服务贸易、投资、环境保护、劳工、知识产权等内容的高标准条款，中国在中短期内无法满足条件，因此难以面对美国、加拿大等发达国家的直接竞争。TPP 涵盖的知识产权保护、劳工和环境保护等议题都与人力资本、技术创新密切相关，高门槛的新规则将不利于我国战略性新兴产业的发展，将对我国产业转型升级和参与国际竞争形成巨大挑战。当然，加入 TPP 后，在商业服务贸易领域中，随着国外富有个性化和多样化服务的引进，也会带动国内服务水平的提高。

2. TPP 对中国在亚太区域政治话语权的影响

考虑到中国和平崛起对美国在亚太地区利益的影响，以及美国东亚战略所着眼的约束中国的战略意图，TPP 作为美国力推的重要战略砝码，将给中国在亚太的经济、政治和安全等方面带来不可忽视的影响。美国力推 TPP，强化其与东亚国家的经济联系，进而将影响这些国家的政治发展。中国在将自己的经济影响力转化为政治影响力方面难度加大，在经济、政治两方面的和平崛起困难增加。不仅如此，其他东亚国家很可能会视美国的 TPP 为一个遏制中国发展的明显信号，从而倚仗美国的经济支持，与中国在经济、政治上进行一些对抗。因此，如果有机会参加谈判，把谈判桌下的战略遏制放在台面上，将更有利于我国及时应对。

3. TPP 对中国自贸区战略的影响

TPP 致力于发展横跨太平洋东、西两岸的区域贸易，其潜在的发展规模可能与 APEC 形成高度重叠。美国主导 TPP 不断发展壮大，可能会使得 APEC 在亚太区域经济合作进程中的作用被边缘化；同时，对中日韩自贸区的谈判进程形成巨大阻碍，甚至可能架空现有的中国—东盟自由贸易区、"10＋3"和"10＋6"区域贸易自由化安排。目前，日本已加入 TPP，TPP 将成为事实上的美日 FTA，使日美在经济上更加接近，有利于美国控制东亚经济一体化的主导权，从而影响我国稳步推进的东亚经济一体化进程，削弱我国在亚太区域合作机制中的话语权和影响力。

中国目前的很多条件还不适应 TPP 谈判。中国在 TPP 问题上不能简单化，尤其是在当前多边贸易谈判进展非常缓慢、地区间机制和双边机制越来越蓬勃发展，且更有效率和实质性进展的情况下，中国可以抱积极参与的态度。中国适当参与谈判过程，应立足经济合作机制，本着多赢的态度，主张各种机制间不要产生排斥，保持开放性和互相促进的宗旨，尽可能减轻 TPP 对东盟 10 + 3、东盟 + 6 和中国—东盟自由贸易区等机制的冲击。

（二）跨大西洋贸易与投资协定

2013 年 2 月 12 日，美国总统奥巴马在国情咨文中宣布将启动与欧盟的跨大西洋贸易与投资协定（TTIP）谈判，并准备建立一个跨大西洋的"高标准"的自由贸易区。2013 年 7 月 8 ~ 12 日，美国和欧盟进行了为期一周的首轮谈判，此轮谈判的重点是程序，而非深究具体问题。谈判代表列出了优先事项，交换了观点，建立了专门的工作流程。这一周的谈判具体化了监管合作中的程序性难题。长期存在并饱受争议的卫生与动植物检疫（SPS）以及农业议题也得到了深度讨论。为确保谈判不像先前全由技术专家处理时陷入困境，美国和欧盟官员做出了高层的政治承诺。美国商品期货交易委员会（CFTC）和欧盟委员会在 2013 年 7 月 11 日对衍生品监管发表声明，积极地迈出了美欧金融监管合作的第一步，然而这一声明也标志着有关市场准入后的金融服务议题不大可能出现在TTIP谈判中。但是谈判代表仍讨论了市场准入后金融服务的纳入。TTIP的首轮谈判还是取得了一定的进展。

1. TTIP 谈判的背景和重要内容

作为世界上两个最大的经济体，美国和欧盟的 GDP 之和约占世界的一半，贸易量约占世界的 30%。美欧进行自由贸易协定谈判，开启了贸易大国缔结自贸协定的历史。如果最终达成全面协议，将诞生世界最大的自由贸易区。作为一项高标准的综合性自贸协定，TTIP 的形成与走向将深刻影响未来世界经贸发展与合作的格局。

美欧之间建立自由贸易的设想由来已久，为什么在这个时间段内正式提出呢？首先，从内部来看，美欧双方现阶段都没有摆脱金融危机和主权债务危机的影响，共同面对危机，提振经济，摆脱危机成为共识。因此，现阶段启动 TTIP 谈判更能凝聚美欧内部朝野，共同赢得民众的支持。从外部环境来看，多哈回合多边贸易谈判长期僵持不下，相对停滞。在此种情况下，美国不愿意为了固有利益做出妥协。其次，世界主要的经济体都已经加入 WTO，美国推动全球化的重心已经从扩大宽度转移到加大深度上来。最后，美欧不仅要面对自身经济不断衰退的问题，还要面对来自新兴经济体快速崛起的挑战。

TTIP 谈判的主要框架和内容集中在 3 个方面：市场准入；监管问题和非关税壁垒；规则、原则和解决共享全球贸易挑战和机遇的新的合作模式（见表 1 - 3）。

表 1 - 3　TTIP 谈判的框架及主要内容

谈判框架	主要内容
市场准入	消除关税一直是贸易自由化的核心目标； 与货物贸易相比，服务贸易自由化更为复杂； 美国和欧盟之间的跨境投资； 政府采购问题
监管问题和非关税壁垒	边境内贸易壁垒； 更兼容的货物和服务监管体制
规则、原则和解决共享全球贸易挑战和机遇的新的合作模式	知识产权保护； 环境和劳工问题； 其他全球相关的机遇和挑战：海关和贸易便利化、竞争政策、从政府授予的特权中获利的国有企业和其他企业、贸易本土化壁垒、原材料和能源、中小企业以及透明度问题

资料来源：根据相关资料整理所得。

2. 美欧启动 TTIP 谈判的主要动因

美国和欧盟是当今世界两个最重要的经济体，双方在经贸领域的相互依存度很高。美欧间的贸易流量大，彼此互为重要的投资国，贸易与投资壁垒相对较低，经济活动的规模和深度已经高度融合。美欧加速推动 TTIP 谈判的目标和动机是什么？对这一问题的探究关系到对 TTIP 发展前景及其可能带来的潜在影响的判断。

首先，TTIP 谈判有助于提振大西洋两岸的经济信心，分享贸易、投资扩大利益，进一步深化美欧经济体。其次，TTIP 谈判是美欧欲在 WTO 框架外寻求制定贸易规则的平台，更积极地利用自贸协定推进其贸易议程，以保持在全球贸易谈判中的领航地位。再次，TTIP 谈判有利于美欧先发制人，率先主导制定"下一代贸易政策"，并推动其成为全球贸易的新标准和范本。最后，TTIP 谈判有助于进一步深化美欧战略伙伴关系，增强与新兴经济体抗衡的力量，拓展在全球贸易治理中的视野和作用。

总体而言，美欧商签 TTIP 是寻求创造跨大西洋贸易与投资新机遇的重大举措。美欧在加快推进 TTIP 谈判中，既反映了世界经贸格局的深层次变化，也凸显了美欧主动进行经济政策的战略性调整，背后体现了在争夺贸易规则制定主导权、维护在全球经济治理中的领航地位的博弈。由于谈判将涉及两大经济体的进一步市场开放及监管制度的相互兼容，因此"将是本世纪最复杂和最重要的贸易谈判之一"。未来 TTIP 谈判能否如愿展开，将取决于美欧是否具有充分的政治意愿，也需要双方制定合理目标以及达成这些目标的清晰路线。

显而易见，TTIP 可以促进相互的贸易与投资，但更重要的是它可以主导全球贸易规则甚至影响或构建新的多边贸易体系。一旦美欧自贸谈判达成，将在很大程度上改变世界贸易规则、标准和格局，挑战新兴国家尤其是金砖国家间的准贸易联盟。美欧将会在知识产权、劳工标准等方面制定新的规则，这对想进入美欧市场的企业来说无疑提高了"门槛"。由于自贸区具有对内开放、对外限制的特征，因此，在美欧之间贸易壁垒降低的同时，对区外经济体则构成更高的壁垒，会产生贸易转移的效果，而这也意味着中国对美出口将面临欧盟的竞争压力，对欧盟出口将面临来自美国的竞争压力。

（三）服务贸易协定谈判

1. 服务贸易协定谈判基本情况

进入 21 世纪，全球服务贸易不断发展，《服务贸易总协定》

（GATS）作为基础性协议规则在促进市场开放、推动贸易发展方面功不可没。但是，随着国际形势的变化，特别是金融危机爆发以来，各成员在 WTO 平台上推动服务贸易继续开放的难度不断加大。为了促进服务业市场的进一步开放，美欧等主要成员开始推动出台新的国际服务贸易协定。

2013 年 3 月启动的首轮服务贸易协定谈判（TiSA），它是新一轮高端自由贸易组织谈判。TiSA 拟确立的主要原则：全面给予外资国民待遇，即除各国明确保留的例外措施以外，所有服务部门均须对外资一视同仁；原则上取消必须设立合资企业的各种要求，不得限制外资控股比例和经营范围。参与 TiSA 谈判基本条件，在金融、证券、法律服务等领域已没有外资持股比例或经营范围限制。

目前 TiSA 拥有 48 个成员，既有美国、日本、欧盟成员国等发达经济体，也有智利、巴基斯坦等发展中经济体。该协定覆盖了全球 70% 的服务贸易，年贸易规模可达 4 万亿美元。包括中国在内的金砖国家等其他 WTO 成员未参加。

目前 TiSA 谈判涉及的主要领域包括以下几个方面。[①]

- 模式四下的自然人移动，尤其增加商务访客、专家和技术人员准入的便利性，包括对公司市场开拓意义重大的内部人员调动（ICT）；

- 实现数据跨境自由流动，取消数据必须预先存储于使用国境内服务器的要求；

- 对其他国家的服务供应商提供承诺的国民待遇，采取有限

---

① 天雨：《服务贸易协定：服务贸易游戏规则的重构》，《国际经济合作》2013 年第 6 期。

限制（反向清单）；

• 约束提供跨境服务的限制，包括许可、居住要求等，约束
对通过投资提供服务的机构设立、参与合资企业或经济需求测试等
的要求等。

• 国有企业和政府采购领域。

2. 中国面临的机遇和挑战

TiSA 作为高层次的新贸易协定，在规则、规范、领域和模式
上都会提出新的、更高的要求。然而在现阶段，我国服务贸易总水
平总体较低，行业监管不规范，因此面临着挑战同时也存在着发展
的机遇。

第一，中国面临全球贸易体系重构的两难抉择。转变经济发展
方式是现阶段中国经济发展的重要内容，而大力促进服务贸易发展
对缓解资源和环境制约、实现经济可持续发展意义重大。目前，中
国还不是 TiSA 的谈判方，是否加入谈判，是对中国经济自身是挑
战，同时对发达经济体和其他发展中国家也有重大影响。中方加入
谈判，可能需要进一步扩大开放、面临更大挑战；不加入谈判则有
可能错失发展良机。

第二，缺乏足够竞争力企业拓展市场难。现阶段，中国服务企
业国际竞争力仍然处于较低的水平。如果中国加入 TiSA，当然希
望能够给中国企业带来更多利益，希望能够通过协议使得中国企业
国际竞争力得以提升。但是如果与其他国家竞争者相比不具优势，
则即便获得更大市场也难以获益，对等开放反而会给国际竞争者更
多成长的机会、更大的利润空间。

当然，TiSA 也将给中国服务企业创造了一定的发展机遇。

第三，市场开放为服务贸易发展创造空间。市场开放创造的空间不仅限于原有市场部门的更大准入，而且还可能因为基础服务领域的开拓提供更多服务的可能。本国市场开放为外来竞争者提供了更多机会，而这些竞争者往往处于行业领先地位，其相对较高的技术和创新的服务会对国内消费市场的培育提供动力，也反过来也会促进服务贸易的升级与发展。

第三，技术进步有利于服务企业做大做强。TiSA 会给中国服务企业创造更多的贸易机会，在境外设立分支机构提供服务的情况可能会更为频繁。企业境内外机构间的关联日趋紧密，而"走出去"战略并非单纯鼓励企业走出国门去，其主要目的还是要增强中国企业的全球竞争力。

中国（上海）自由贸易试验区货物
贸易转型升级战略研究

2013 年 7 月，国务院批准设立中国（上海）自由贸易试验区。试验区范围涵盖上海市外高桥保税区、外高桥保税物流园区、洋山保税港区和上海浦东机场综合保税区 4 个海关特殊监管区域（上海综合保税区），总面积为 28.78 平方公里。综合保税区升级为自由贸易试验区是落实党的十八大报告、深化改革和扩大开放的重大举措，是利用倒逼机制推动转型发展、创新政府管理模式的大胆尝试，是引领国际经济合作与竞争、提升我国经济开放度和自由度的伟大探索。

近年来，上海综合保税区货物贸易发展成效显著，贸易规模全国领先，贸易政策不断创新，彰显全国改革开放排头兵风范，综合保税区也已成为上海经济发展的重要增长极。但是，与综合保税区相比，自由贸易试验区开放范围更广，改革程度更深，对货物贸易体制机制创新要求更高，而货物贸易又是中国（上海）自由贸易试验区立足的基础。新形势下，如何突破"瓶颈"，以上海自由贸易试验区建设为契机，在符合 WTO 等多边规则的条件下，探索货物贸易转型升级之路，进而建立与国际接轨的货物贸易便利化机制，对于建设中国特色自由贸易区，打造中国经济升级版意义重大。

第一节　概念辨析

（一）综合保税区

海关特殊监管区域是经国务院批准，设立在中华人民共和国境内，赋予承接国际产业转移、连接国内国际两个市场的特殊功能和政策，由海关为主实施封闭监管的特定经济功能区域。截至 2012 年底，我国共在 27 个省市设立 110 个海关特殊监管区域，包括 12 个保税区、46 个出口加工区、5 个保税物流园区、14 个保税港区、31 个综合保税区，以及 2 个跨境工业区。

综合保税区是经我国国务院批准设立的具有保税港区功能的海关特殊监管区域，由海关参照有关规定对综合保税区进行管理，执行保税港区的税收和外汇政策，集保税区、出口加工区、保税物流区、港口的功能于一身，可以开展国际转口贸易，国际采购、分销和配送，国际中转、检测和售后服务维修，商品展示等业务。《国务院关于促进海关特殊监管区域科学发展的指导意见》（国发〔2012〕58 号）指出，"在基本不突破原规划面积的前提下逐步将现有出口加工区、保税物流园区、跨境工业区、保税港区及符合条件的保税区整合为综合保税区"，"新设立的特殊监管区域原则上统一命名为'综合保税区'"。

（二）自由贸易区

根据 1973 年国际海关理事会签订的《京都公约》，自由贸易区（Free Trade Zone）是指一国的部分领土，在这部分领土内运入的任何货物就进口关税及其他各税而言，被认为在关境以外，并免予实施惯常的海关监管制度。1984 年联合国贸发会议的报告将自由贸易区定义为：货物进出无须通过国家海关的区域。1547 年，意大利热那亚湾里窝那自由港设立，标志着自由贸易区作为一种重要的对外开放模式正式登上历史舞台。此后的四百年间全世界先后成立了 1200 多个自由贸易区，极大地推动了世界贸易发展和世界经济一体化进程。[①]

本文要研究的自由贸易区（Free Trade Zone）与传统意义上的自由贸易区域（Free Trade Area）不同，后者是指两个或两个以上独立关税领土区间相互取消关税或其他贸易限制而结成的集团（《关贸总协定》第二十四条），如由美国、加拿大、墨西哥三国组成的北美自由贸易区，由中国与东盟十国组建的中国—东盟自由贸易区等。

（三）综合保税区与自由贸易区异同

我国保税区一直沿用 Free Trade Zone 的名称，即自由贸易区。的确，我国保税区同国外自由贸易区有相似之处：都是选择在交通条件优越的对外运输港口或港区附近；均按照国际通行的标准设置隔离设施等。《京都公约》专项附约四第二章共对自由贸易区规定了 18 个标准条款，3 个建议条款，规定了自由贸易区的设立原则、建立与监控、商品的准入、经授权的操作、区内商品的消费、存储

---

① 刘玉江：《舟山群岛新区创建自由贸易区的战略研究》，浙江大学硕士学位论文，2013。

期间、所有者的转变、货物的移动、税费的补缴、自由贸易区的取消等内容。其中大多数规定与我国保税区类似。

但是，与国内目前综合保税区相比，自由贸易区意味着更加优惠的政策和更大的开放度。国际通行的自由贸易区实行"境内关外"政策，即"一线放开（自由贸易区与国境外的通道口）、二线管住（自由贸易区与关境内的通道口）、区内不干预"。我国目前的综合保税区也实行"境内关外"政策，但实为"境内关内"政策，与国际通行的自由贸易区在监管理念、区域性质、管理体制、法律体系、自由度、企业经营自主权、监管方式等方面仍存在区别。详见表 2 - 1。

表 2 - 1　自由贸易区与综合保税区的差异

	综合保税区	自由贸易区
监管理念	货物监管	企业监管/单证监管
区域性质	境内关内,受海关监督的特殊区域	境内关外,海关对区内活动无管辖权
管理体制	两级管理模式,设置由国务院主管机构审批,由地方政府设立管委会进行管理	东道国设置专门的机构,代表国家行使管理权力,具有较高的管理权威,是一种国家行为
法律体系	目前尚无海关特殊监管区的统一立法	国家立法,法律独立性和稳定性较强
自由度	自由度低	贸易自由、运输自由、投资自由、外汇自由
企业经营自主权	企业没有完全的经营自主权,政府对市场仍然可以进行一定的干预	企业享有完全的经营自主权,企业的投资、经营、生产、管理等各个环节都由企业自主决定,政府不加干涉
监管方式	货物入区前在海关登记（关境之内）	只需货物出区前就货物量进行海关登记（关境之外）
	只允许在海关监管下对货物进行清洗、重装和分拣	允许对货物进行储存、检验、重装、修理、试验、清洗、取样、展示、操作、混合、加工、组装、废物利用、毁损或再出口
	不允许国内货物入区	允许国内货物入区,并与外国商品混合
	进出货物实行电子账册管理	门岗管理方式,取消账册管理手续

第二节　上海综合保税区发展情况

上海对自由贸易区的探索始于 20 世纪 90 年代。作为全国经济改革试验区，上海于 1990 年率先在浦东新区成立外高桥保税区，以扩大对外开放，促进贸易发展。2004 年、2005 年、2010 年上海相继成立了外高桥保税物流园区、洋山保税港区、浦东机场综合保税区，并于 2009 年成立了上海综合保税区管理委员会，统一管理外高桥保税区、外高桥保税物流园区、洋山保税港区及浦东机场综合保税区的行政事务，由此初步形成了统筹管理、区域联动的发展格局，实现了政策、资源、产业和功能的联动互补，集聚效应大大增强，凸显了海关特殊监管区域的整体优势。

（一）发展概况

1. 上海外高桥保税区①

上海外高桥保税区濒临长江入海口，地处黄金水道和黄金岸线交汇点，紧靠外高桥港区，规划面积 10 平方公里，已封关运作面积 8.9 平方公里，1990 年 6 月设立，是全国第一个，也是目前全国所有海关特殊监管区域中经济总量最大、经济效益最好的保税区，进出口额、商品销售额、税收等均占全国保税区规模总量的

---

① 含外高桥保税物流园区。上海外高桥保税物流园区位于上海浦东新区，与外高桥港区连成一体，距离外高桥保税区仅有 3 公里。园区是国务院特批的全国第一家保税物流园区，同时是上海市"十一五"期间重点规划的三大物流基地之一。园区总建筑面积 1.03 平方公里，于 2004 年 4 月 15 日通过海关总署联合验收小组验收，被赋予了国际中转、国际采购、国际配送、国际转口四大功能。园区在营运中以管理创新、功能创新、技术创新为动力，优化营运环境为目标，构筑航运、港口、物流园区联动发展的新框架的

1/2 左右。在功能定位上，重点建设国际贸易示范区，完善进出口
贸易、转口贸易、保税展示、仓储分拨等贸易功能。上海外高桥保
税区现已发展成为集国际贸易、先进制造、现代物流及保税商品展
示交易等多种经济功能于一体的综合型保税区，同时还是上海市重
要的现代物流产业基地之一、上海市重要的进出口贸易基地之一和
上海市微电子产业带的重要组成部分。2012 年外高桥港区共完成
集装箱吞吐量 1536.30 万标准箱，货物吞吐量 14263.10 万吨，靠
泊船舶 38752 艘次。表 2-2 汇总了上海外高桥保税区业务功能。

表 2-2　上海外高桥保税区业务功能

业务	具体内容
外汇试点	开展跨国企业资金收付汇集中管理试点，探索组合型转口贸易模式下的外汇收付、结算
离岸贸易	积极推动外汇、税收、监管等方面的政策创新，深化离岸贸易运作模式，使跨国公司资金结算中心集聚，进一步丰富贸易运作模式，提升贸易能级
商品分拨	运用"保税－滞后纳税"为特征的分拨运作模式，将区内商品销售到国内和国际市场，建立商品快速进入市场的高效流通渠道
保税延展	区内保税货物、入区保税延展货物在存储、加工和销售环节实现海关统一监管
采购配送	集中采购众多供应商的小批量多批次货物，在外高桥保税物流园区得到简单增值服务后进行配送
产品维修	允许开展高附加值、高技术含量的高端产品维修业务
保税市场	集聚高能级贸易主体，建立各类专业化的国际商品交易市场，成为上海服务长三角和全国的重要载体

2. 上海洋山保税港区

2005 年 12 月，洋山保税港区正式封关运作，由位于上海芦朝
港的陆域部分、东海大桥和位于浙江嵊泗的小洋山港口区域组成，
距国际航线仅 45 海里，是距上海最近的深水良港，已封关面积
8.14 平方公里，是上海市和浙江省跨区域合作建设、实行海关特
殊监管的经济功能区，是中国的第一个保税港区。2009 年，国务

院赋予洋山保税港区探索建设国际航运发展综合试验区的重要使命，洋山保税港区成为航运物流服务进一步与国际惯例接轨、航运金融服务进一步对外开放、区域运作监管进一步创新的先行先试综合试验区。洋山保税港区的功能定位为：重点建设国际航运发展综合试验区，大力发展国际中转、现代物流、商品展示、保税仓储、期货保税交割等多层次业务。2012 年洋山港区共完成集装箱吞吐量 1415.04 万标准箱，其中完成水水中转箱量 660.79 万标准箱，占吞吐量的 46.7%，完成国际中转箱量 120.26 万标准箱，占吞吐量的 8.5%；全年靠泊船舶 13416 艘次，其中完成干线船舶装卸 4647 艘次。表 2 - 3 列示了上海洋山保税港区业务功能。

表 2 - 3   上海洋山保税港区业务功能

业务	具体内容
国际采购	国际采购商可以在洋山保税港区对货物实行统一调拨管理，有效实现物流链和贸易链的整合，为建立采购中心提供便利
出口集拼	利用洋山保税港区"入区退税"的政策优势和欧美航线集聚的特点，方便开展集装箱出口集拼业务
离岸账户	允许企业开设离岸账户，为其境外业务提供资金融通便利
中转集拼	利用洋山保税港区货物水水中转的特点，开展集装箱装卸、堆存、拆拼、多式联运等业务
期货保税交割	利用洋山保税港区的净价环境，将处于保税状态下的货物纳入交割系统，便利区内企业同时兼顾国内和国际两个市场
保税展示	为进口高档汽车、机械设备、航空配件等提供保税展示平台
船舶租赁	成立船舶租赁单船项目公司（SPV），向境内外航运公司提供船舶租赁服务

3. 上海浦东机场综合保税区

2010 年 9 月，上海浦东机场综合保税区启动运营。上海浦东机场综合保税区位于浦东机场第三跑道西侧，北通外高桥保税区，

南达洋山保税港区，规划面积 3.59 平方公里，一期围网面积 1.6
平方公里，是浦东新区东海岸线的区域中心节点之一。其功能定位
为建设临空功能服务先导区，充分发挥其亚太航空复合枢纽港优
势，大力拓展航空口岸物流、贸易和金融服务等功能。

浦东机场综合保税区运营三年来，大力推进物流功能创新与优
化，积极发挥区港一体的物流运作优势。针对空运物流特点，机场
综合保税区推出国内跨关区便捷转关的物流新模式，建立总运单与
分运单货物直通入区的物流新通道，首创"区港一体"保税货物
与口岸货物同步运作，试点无纸报关、分送集报、整体预检验等通
关便利措施，物流运作模式不断丰富，物流运作效率持续提升，吸
引了越来越多的跨国公司在此选址设立分拨中心。目前，浦东机场
综合保税区已集聚了涉及工业零部件产品、电子产品、医疗器械产
品、进口高端商品等类目的 20 多家全球知名跨国公司产品分拨中
心，物流分拨产业规模集聚效应初显。表 2-4 列示了上海浦东机
场综合保税区业务功能。

表 2-4 上海浦东机场综合保税区业务功能

业务	具体内容
临空服务	开展以航空快件速递、分拨、第三方物流、空运保税仓储等为主的航空口岸物流功能及以检测、维修等为主的物流增值服务
国际中转	依托浦东国际机场航空枢纽港地位，开展空运货物国际中转业务
飞机租赁	成立飞机租赁单项项目公司(SPV)等金融租赁公司，向境内外航空公司提供飞机租赁业务服务

（二）政策优惠

上海综合保税区集聚保税区、保税港区、综合保税区、保税物

流园区四种类型海关特殊监管区域的政策优势，在海关监管、外汇管理、检验检疫等进出口管理上基本达到了国内最为齐全、最为便捷和最为开放的程度。现有的政策优势和监管便利主要包括以下几个方面。

1. 税收优惠

首先，免税。货物可以在保税区与境外之间自由出入，免征关税和进口环节税，免验许可证件，免予常规的海关监管手续（国家禁止进出口和有特殊规定的货物除外）。区内企业进口自用设备、办公用品、生产用原材料、零部件等免关税、进口环节增值税。对注册在洋山保税港区内的企业从事国际航运、货物运输、仓储、装卸搬运、国际航运保险业务取得的收入，免征营业税。

其次，保税。对境外运入区内的企业加工出口所需的原材料、零部件、元器件、包装物件、转口货物以及区内存储货物实行保税。

最后，退税。在外高桥保税区国内货物装船离岸出口，办理退税；在洋山保税港区、外高桥保税物流园区、浦东机场综合保税区货物入区视同出口，办理退税；从国内其他港口启运经洋山保税港区中转的货物，在离开启运地时即可办理退税。

2. 外汇便利

区内企业交易实施便利的货币计价制度。区内企业进出境贸易项下的外汇收支，无须办理收付汇核销手续。

3. 集中报关

区内企业产品出区与进国内销售货物可集中办理海关申报手

续，适用"集中报关"通关模式；陆水、陆空、陆铁联运通关流程优化。

4. 快速商检

实现检验工作前置，部分进口商品在进境备案环节可实现"预检验"，进一步缩短检验监管时间和流程。

5. 存储期限

保税货物在区内存储无期限限制。

6. 市场准入

外商投资企业可以从事生产加工、国际贸易、保税仓储、国内分销、物流、分拨配送、商品展示、商业性简单加工及检测、售后服务等业务。

7. 财政扶持

鼓励跨国公司"营运中心"集聚，加大财政扶持力度；对"成长型"企业贷款给予贴息；区内注册的外资生产加工企业，以及经过认定的研发中心、高新技术企业可享受国家及地方相关扶持政策。

（三）功能创新

上海综合保税区融合四种海关特殊监管区的功能优势，在巩固和发展特殊监管区域传统特色功能的基础上，率先在国际贸易、现代物流、航运金融、离岸型服务贸易等领域先行先试，积极推进功能创新。

一是打造集装箱集拼中转功能。2009 年，洋山保税港区开展面向国内口岸的水水中转集拼业务试点，做大做强水水中转集拼业务，进一步降低集装箱运输环节成本；探索有利于国际集装箱拆拼的港区一体化监管模式，打通国际中转集装箱拆拼业务流程。

二是创新国际贸易结算功能。2010 年 8 月 12 日，国家外汇管理局下发《关于上海综合保税区企业开展国际贸易结算中心外汇管理试点的批复》，同意在外高桥保税区开展国际贸易结算中心业务试点，明确国际贸易结算中心专用账户设立、外汇收支真实性审核、国际收支统计申报、合格试点企业资格认定、监督管理控制等要求。培育和发展新型国际贸易结算中心业务，实现进出口贸易、离岸贸易以及离岸和在岸贸易整合发展，巩固提升上海综合保税区作为跨国公司地区总部和订单中心、定价中心、结算中心的集聚优势。

三是探索完善离岸服务贸易功能。推进综合保税区贸易功能从货物贸易为主向货物贸易与服务贸易并重转变，结合加工贸易转型升级，大力吸引和拓展面向国际市场、"两头在外"的服务业态，创新培育以国际商品第三方维修、检测等为重点的先进技术服务贸易业务模式。

四是完善集聚高端航运服务功能。2010 年上海综合保税区融资租赁项目启动，成为全国第一个同步开展飞机、船舶单机单船租赁业务的综合性特殊项目载体（SPV）项目运作平台。其中，单机项目落户浦东机场综合保税区，单船项目设立在洋山保税港区。在飞机船舶单机单船融资租赁全面启动的基础上，创新 SPV 模式，将 SPV 业务领域从飞机船舶拓展至大型海洋工程、成套重装备、轨道运输设备等租赁领域，探索建立以 SPV 为重点的资产证券化和转让交易平台，形成航运金融服务的制高点。全力推动中资国际船舶保税登记功能业务在综合保税区落地，建立"船舶特别登记制度"。

五是探索期货保税交割功能。2010 年 10 月 21 日，《海关总署关于在海关特殊监管区域开展期货保税交割业务试点的批复》（署加函〔2010〕460 号），同意在洋山保税港区对进口保税储存的铜和铝两个品种通过上海期货交易所开展期货保税交割业务试点；同意"期货保税交割"方式销售的进口货物以"保税交割结算价"作为成交价格向海关申报。期货保税交割业务可以适应国际上大宗商品期货价格不含税、以美元计价的交割要求，可促进我国期货市场作用的发挥，增强我国期货交易价格的国际影响力。

六是拓展展示交易功能。发挥综合保税区进出口、新型国际贸易、物流服务、保税政策等集成优势，创新和拓展进口高档商品（汽车、游艇等）、国际品牌消费品展示交易市场，扩大进口商品交易市场辐射面。

第三节　综合保税区货物贸易发展"瓶颈"

随着全球经济的发展，贸易领域的扩大，业态的升级，综合保税区的发展"瓶颈"逐步显露。国内外贸易一体化遇到"瓶颈"、货物贸易与服务贸易联动受到制约、各监管部门服务缺位与错位并存，管理滞后、立法规章层级低、功能设置和监管方式缺乏创新等阻碍了货物贸易的进一步发展。

（一）管理体制落后

国外自由贸易区一般由政府直接管理，区内设有专门的机构，代表国家行使权限，统一负责宏观经济的管理与协调、自行制定法规条例、独立行政而不受其他职能部门干预等，具有较高的法律效力。例如，巴拿马科隆自由贸易区设有一个自治的政府管理机构，由国家工商部部长、经济计划部部长、财政部部长、内务部部长、总审计长和自由贸易区总经理担任领导职责，从中央层面进行宏观管理。美国由商务部部长、财政部部长、陆军部部长或其各任命的代表建立对外贸易区委员会进行管理。在具体行政管理方面相对弱化，通常采用开发管理公司式的管理模式，通过经济杠杆对市场进行调控，但禁止此类公司以盈利为目的进行开发和经营活动。

相比之下，上海综合保税区管理模式存在以下三个影响保税区运行效率的问题。

一是主管部门缺位、政出多门。保税区主管部门不明确，没有一个正式的职能部门对其进行垂直领导。保税区设立由国务院直接审批，运行政策由海关总署牵头、国务院有关部门制定，主要涉及海关总署、商务部、国家外汇管理局、国家工商行政管理总局、财政部、国家税务总局、国家发改委、交通部等国家部委。各部门之间各自为政，造成保税区多头管理、政出多门，政策协调成本高、效率低，大大影响区内企业发展的积极性。

二是受地方政府干预。综合保税区管委会作为上海市政府的派出机构，与政府职能部门的职权划分不清，被政府视为一般的行政管理区域，而使其特殊政策优势难以充分发挥。管委会和其他管理机关同时存在也容易造成各部门之间相互掣肘，影响保税区管理效率。

三是管理链条过长影响工作效率。保税区在经营管理体制上，权限不足，上级管理部门的管理链条太长，实际运作中许多问题需要经过层层审批，效率低下。上级管理部门在制定管理决策时脱离实际，权力截留的情况时有发生，制约了保税区的发展。① 图 2 - 1 是我国保税区管理结构示意图。

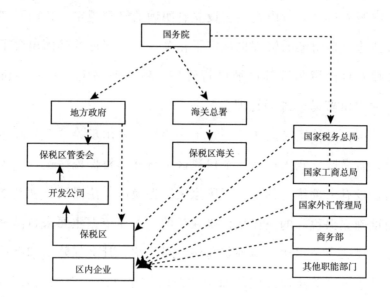

图 2 - 1　我国保税区管理结构示意图

（二）法制体系不健全

国外自由贸易区的设立是先立法后设区，因此各项经济政策有

---

① 李友华：《我国保税区管理体制的成因、弊端及体制重构》，《安徽师范大学学报》2004 年第 5 期。

章可循、有法可依。国外自由贸易区的对外贸易区法一般源于中央权力机关——国会统一制定，法律位阶较高，从基本法的角度确立了对外贸易区的法律地位，可以有效地避免法律效力低以及法规之间的冲突，较先进。例如，1934 年，美国国会通过《1934 年对外贸易区法案》（Foreign-Trade Zones Act of 1934），建立了对外贸易区制度，规定了自由贸易区详细的具体操作程序，形成较为完整的对外贸易区法律法规体系，为美国对外贸易区稳定发展奠定了基础。欧盟委员会对自由贸易区设立有明确的管理规定，德国联邦宪法等法律对自由港的管理也规定了相关条款。邻近的韩国出台了四部法律对自由贸易区等区域进行管理。俄罗斯制定《特别经济区法》对自由贸易区进行管理。

美国在对外贸易区法律颁布十多年后，才出现第一个实际运作的对外贸易区。我国在第一个保税区上海外高桥保税区运行二十年几后还没有一部统一的保税区国家法。保税区立法滞后，从基本法的角度确立保税区的法律地位是缺位的。法律依据主要来自国家的宪法、民法、公司法、对外贸易法、经济法、社会保障法和有关税收、外汇管理等法律部门的原则性条款，导致法律规范极为分散，未能形成直接、系统的法律规范体系。针对已有的保税区域，国家颁布了《保税区海关监管办法》、《保税区外汇管理办法》、《保税物流区管理办法》以及《出口加工区暂行管理办法》。除此之外，各保税区还有自己的法规，如《上海外高桥保税区条例》、《洋山保税港区管理办法》和《上海浦东机场综合保税区管理办法》等。

可以看出，涉及我国保税区的法律法规政策有多个层次，税收、外汇、海关等部门的监管缺乏统一性，出台的政策存在相互矛盾之处，缺乏衔接，难以操作。当国家有关政策进行调整时，保税区往往成为一个政策冲撞的不稳定区。这给企业在保税区开展业务带来了一些不确定风险。比如，目前外汇管理办法规定区内与境内区外进行交易时，企业可根据自身需要选择用人民币或者外币进行支付，但是由于国税总局规定企业办理出口退税时必须凭外汇核销单，这也就意味着，用人民币付款将导致境内区外企业无法办理出口退税，交易币种的可选择性也就成为一句空话。[①]

专栏 1　美国《1934 年对外贸易区法案》

美国于 1934 年颁布实施《1934 年对外贸易区法案》，并分别在《联邦政府法规汇编》第 5 卷第 400 部分和第 19 卷第 146 部分中规定了详细的操作程序，从而形成一个较为完整的对外贸易区法律法规体系，为对外贸易区稳定发展奠定了基础。若对外贸易区发展出现问题时，即可从法律角度予以调整。1950～1999 年的 50 年间，美国国会总共对《1934 年对外贸易区法案》进行了 8 次修订，每次修订都推动了对外贸易区发展。

（三）监管方式滞后

国外自由贸易区的监管方式是境外关内，海关只监管出口，区内贸易往来完全自由。《京都公约》专项附约四第二章自由贸易区

---

① 王桂英：《洋山保税港区转型为自由港关键问题研究》，上海交通大学硕士学位论文，2012。

中的建议条款 9 指出："货物直接从国外进入自由贸易区，如果从随附单证上已获信息，海关不应要求货物申报。"美国迈阿密第 32 对外贸易区甚至规定海关人员在未有充分理由之前不得擅自进入自由贸易区。除了不干预园区内贸易之外，各国自由贸易区监管制度不断创新，促进便捷措施的出台，服务园区企业。例如，美国对外贸易区采取直通程序、周报关制度、海关审计核查制度和货物分类监管等便利的监管方式。

我国综合保税区现行的监管方式实为"境内关内"。1997 年制定的《保税区海关监管办法》第七条规定：海关对进出保税区的货物、物品、运输工具、人员及区内有关场所，有权依照海关法的规定进行检查、查验。海关不但监管货物流出保税区，也监管货物流入保税区及在区内的存储。上海综合保税区并未完全采取国际上通行的"关境之外，国境之内"的海关管理办法，即"一线放开、二线管住"办法，而是采取"一线二线都管紧"的办法。

一是通关放行手续烦琐，影响企业办事效率。货物从境外运入综合保税区，须在海关备案，手续与报关基本相同，造成物流转运成本较高，在相当程度上抵消了保税区"保税效应"所带来的效益优势。

二是区内监管措施太多，影响货物流转效率。海关实施卡口与仓库两次监管的办法，使得保税区内货物的移库、使用不方便，大大限制了保税港区物流功能的发挥。保税区内同时设立海关和检验检疫两个机构，海关按照"一线放开、二线管住"的监管理念，货物在区内与境外间流转实行电子数据交换（EDI）报备，"一线"

对进入保税区的货物进行查验。结果是不论海关如何完善自身监管政策，"一线"也不能真正放开。"一线放开、二线管住"的监管理念得不到落实，影响了保税区的货物流转效率。

三是转关麻烦，内外贸一体化遇"瓶颈"。随着投资和订单向内地的转移，东部沿海和中西部地区之间货物跨关区移动增多，但不同关区的特殊监管区域尚未实现保税货物自由流动，大多是关区间自行协商解决。上海的特殊监管区之间保税货物已经实现自由流动，调拨很方便，有专门的监管系统。但是上海海关和其他地区的海关要进行协商才能实现保税货物自由流动，这就给上海对内陆辐射带来极大的不便。

专栏2 美国对外贸区便捷监管方式

1. 直通程序。美国对外贸易区区内企业可以对以自己名义进口的货物向所在地口岸海关关长申请使用直通程序，获准直通程序的货物不论在哪个口岸抵达，都可以直接以保税方式运送到对外贸易区，无须事先向抵达口岸的地方海关申报。直通程序使海外货物运到对外贸易区用户的手中平均时间缩短了一到两天。

2. 周报关制度。对外贸易区用户可以申请对运往区外需要报关的各单货物，集中为一周一次申报。周集中报关程序，既使企业减少了大量的报关文书作业，节约了可观的报关费用（在美国这个环节的缴费率是货值的0.21%），也为国际货物的快速运转减少了不必要的延误环节。周集中报关程序，不但辅区的制造企业可以申请使用，在主区从事贸易分拨的企业也可以申请使用。

3. 海关审计核查制度。美国海关对对外贸易区货物监管已经从原来实施的逐票逐单的实际监管转为通过审计核查方式实施监管。目前在对外贸易区没有常驻海关人员。在审计核查制度下，海关不再保存库存记录，海关人员也无须定期到区内仓库检查，而是赋予对外贸易区的运营商必要的监管责任。对外贸易区的运营商一般是承担区域管理责任的公司，由其负责对区内货物的票据、样本、造册、生产、安全及存储情况等进行具体监管。海关则通过审计和核查方式实施监管。海关审计工作由海关监理审计师完成。审计师会对区域内当年甚至过去几年所有交易记录等进行审查。一次审计通常需要一周至几个月。海关也可以不经事先通知就对区域内的货物实施现场核查。查验内容包括交易情况、库存货物分类、登记、交接手续及区内安全状况等。如现场清点货品与库存清单不符，海关检查人员可口头责令运营商改正，并对其进行随访，确保所发现的问题得到及时纠正。审计检查和现场查验是两种独立却又相互支持的海关监管制度，大大减少了海关的日常监管工作量，节约了海关人员编制，同时也提高了对外贸易区货物入出区域的便捷度。与区外海关对进口集装箱货物 35% 的直接现场查验率相比，对外贸易区的物流优势相对明显。

4. 货物分类监管制度。作为国际化生产和全球化市场的交会点，美国对外贸易区同样面临境外货物和国内货物在区域内运作的地位和监管问题。美国对外贸易区采取了对国内货物开放的策略。海关通过对进入对外贸易区的货物设定四类"区域货物状态"按货物类别分别采取不同的管理程序。

其一，优惠的国外状态。国外货物进入对外贸易区后，在未经任何加工处理之前，货主可以向海关申请其为"优惠的国外状态"。一旦申请为该状态，货物的海关进口税则号和税率就按申请日的税则号和税率被评估确定下来。

其二，对外贸易区受制状态。对于自美国国内（关境内）带入对外贸易区只以出口、销毁或储存为目的的货物，可以申请为"对外贸易区受制状态"。货物一旦设定为该状态，非经特殊批准程序不可以改变此状态和返回美国国内，也不得进行加工、制造或组装等处理。

其三，非优惠的国外状态。国外货物没有申请为"优惠的国外状态"的，货主可以选其为"非优惠的国外状态"。进入美国关境时，该状态的货物按进入关境时的税则号和税率向海关纳税。

其四，国内状态。美国国内生产制造的已缴纳所有税项的商品，或国外进口已完税的商品，被视为国内状态。国内状态的货物包括用于维修和包装的材料，无须申请和批准可以自由进出对外贸易区。

分类监管满足了当前商品无国界生产和全球分销运作的需要，在提高货物监管严密性的同时，也降低了企业物流管理成本。

（四）税收制度不完善

各国自由贸易区制定了多种多样的税收优惠政策。美国对外贸易区税收优惠包括区对区转移关税延迟、税率转换（inverted tariff）、关税减免、免出口退税手续、倒置关税的减免（relief from inverted tariffs）等。欧盟香农自由贸易园区的税收优惠政策和补助形式多样，包括低税率、税收抵免（tax credit）、免税（tax exemption）、避免双重征税协定等，为园区吸引全球投资、培育企业竞争力提供有力支撑。

上海综合保税区也制定了免税、保税和退税等多项优惠措施，但是在个别方面尚存不足。

一是增值税问题。国家税务部门不认定区内企业的一般纳税人资格，企业不能开具增值税发票，产品要销往国内只能先销往区外贸易公司，再由其销往国内市场，增加了贸易环节和企业运营成本。另外，我国的增值税改革将保税区的企业排除在抵扣链条之外，也就是说，企业对外销售时不产生销项税额，购买机器设备、原辅材料也无法抵扣进项税额。这样，区内企业在成品内销或者原材料从国外采购时就会增加成本，出现"成本倒挂"，竞争力低于区外企业。驻区企业增值税链条的断裂影响区内企业的生产经营成本，不利于企业利用"两种资源"，开拓"两个市场"。

二是出口退税问题。保税区现行的出口退税政策，是以"进区交税，出境退税"为基础的，区内一般贸易或加工贸易企业，如果采购国内的原材料或制成品，必须先缴纳增值税，之后在其出口或在加工后出口到境外时，再进行增值税退税。因此，区内企业首先必须承受增值税缴纳的资金成本，之后，如果退税不够顺利，企业实际成本会大幅度增加。另外，在实际操作中，出口退税也存在着诸多缺陷。由于考虑到出口退税手续麻烦，存在已缴税金的全部或部分不能返还的风险，区内企业将国内采购转向成本较低的国际采购。长远来看，这将不利于企业的发展，并且影响到国内产业的发展。表 2-5 是对美国对外贸易区税收优惠政策的一个汇总。

表 2-5 美国对外贸易区税收优惠政策

税收优惠项目	具体内容
转移关税延迟	允许对外贸易区内的货物在不同区之间转移,如果货物最终进入美国海关境内,其关税可推迟到商品从最后一个对外贸易区进入美国境内时才缴纳
税率转换	经对外贸易区委员会同意,园区使用者可以选择园区制造的最终产品或进口零部件、原料税率中较低的税率,作为产品进入美国境内时应缴纳的税率,从而减少应缴税款
关税减免	对存放在对外贸易区的进口货物或准备出口的货物可免除州和地方的从价税(valorem taxes)
免去出口退税手续环节	企业利用对外贸易园区可以省去先缴税再退税的环节,直接将这部分资金留存在企业中作为运营资本
倒置关税的减免	当零部件关税比成品关税高时,即出现所谓倒置关税时,为外贸易区提供了一个倒置关税的减免机会:零部件在对外贸易区加工组成产品后进入美国关境时,海关按照税率低的产成品征税。商品在对外贸易区内经储存、销售、再包装、组装、分拨、分类分级、清理、混合、展示、加工或制造的过程形成的增值部分,免征所有联邦政府和地方政府的增值税

(五) 转口贸易尚待培育

转口贸易发展程度是国际自由港、世界航运中心的衡量指标之一。从伦敦、鹿特丹、爱尔兰香农、香港等著名的自由贸易区的发展规律看,转口贸易占自由贸易园区贸易总规模的比重都比较大。自由贸易区大力发展仓储、运输、金融服务等相关辅助性行业,利用特殊的优惠政策和管理手段,为转口贸易提供便利的条件,确保其在最大范围和最大限度内进行。伦敦的集装箱吞吐量比上海低得多,但却是著名的国际航运中心,只因为其卓越的航运服务无形中控制着国际航运业。中国香港发展成为世界级航运中心,除了优越的地理环境和历史背景外，还与其历史悠久的船舶注册系统分不开，香港注册船舶的高速增长、良好的船队声誉、高效优质的服务和庞大的船队成为其航运业发展的重要支撑。

上海距离成为世界航运中心的目标还比较远，转口贸易是将来的发展方向，但是配套政策不完善。

洋山港水水中转的质量不高，国际中转箱大多也是流向境外周边枢纽港口，转口贸易和现代物流业所形成的集装箱转运量还处于培育阶段。与新加坡、中国香港等枢纽港相比，洋山港在吸引船舶公司和跨国物流企业入驻方面，缺乏市场优势和制度优势。

一是政策制约。《中华人民共和国国际海运条例》第二十八条规定，"外国国际船舶运输经营者不得经营中国港口之间的船舶运输业务，也不得利用租用的中国籍船舶或者舱位，或者以互换舱位等方式变相经营中国港口之间的船舶运输业务"，这导致外国班轮公司无法将其承揽的外贸货物通过其自有国际干线"捎带"在我国沿海港口集中中转。另外，经上海港中转的集装箱需要进行两次报关，手续烦琐，时间长，给货主带来很大的不便。为了避免报关等烦琐的手续问题，提高集装箱的中转效率，外国班轮公司将我国大量的外贸货物"捎带"到釜山、新加坡中转，严重影响了我国港口与釜山、新加坡等国外港口的市场竞争。

二是航运服务发展缓慢。世界不同地区的航运中心都具备现代航运服务业的一条完整的产业链，在产业链中，按照产业的服务性质，将其分成上、中、下游服务业，上游为航运交易及其服务业，中游为海运服务业，而下游则为港口服务业。从洋山保税港区的发展现状来看，有"航运强服务弱"的倾向。上海已经规划了临港新城航运服务集聚区，但因缺乏相应的优惠政策扶持，同时对上海航运交易等重要的航运服务机构没有倾斜政策，制约了航运服务集聚区的发展。

专栏3 汉堡自由港政策有利于发展转口贸易

汉堡自由港规定，船只从海上进入自由港或由自由港驶往海外无须向海关报关，船舶航行时仅须在船上挂一面"关旗"，就可不受海关的干涉；货物在自由港内进行装卸、转船和储存不受海关限制，货物进出无须立即申报与查验，45天之内转口的货物不需要记录。货物储存的时间也没有限制；仅当货物从自由港输入欧盟国家与地区时须向海关报关，缴纳各项进口税及关税。对于非监管性质货物，只要进出口商能够提供有关单证，海关就可实行区别管理，视同在欧盟境内其他口岸已完成进入欧盟手续，进入汉堡自由港只是为了完成物流流程。

第四节 试验区货物贸易转型战略思路

货物贸易是中国（上海）自由贸易试验区的立足基础，货物贸易转型升级要遵从制度创新原则，以深化改革、扩大开放、主动融入世界经济一体化为目标，以贸易自由化和便利化为核心，拓展贸易类型、创新贸易业态、升级贸易功能，简化监管手段，扩大国际贸易、发展国内贸易，打造全球重要的贸易节点，使上海自由贸易试验区成为连接国内外市场的国际贸易中心。

（一）拓展贸易类型

抓住跨国公司全球业务整合的机遇，聚焦国际贸易。巩固拓展进出口贸易领域，扩大货物贸易规模；依托区位优势、优惠政策及仓储物流优势，吸引国外资金和技术，大力发展过境贸易和转口贸易，增强试验区两头辐射能力和辐射范围。抓住中国成为全球重要消费市场的机遇，将试验区建成联动国内国际两个市场的重要节点，推动商品进口—分拨—配送—展销零售的全流程便利化，打通高档消费品、大宗商品、专用机械设备、精密仪器等进入国内市场的渠道，完善国内市场流通链条，扩大内辐射效应。

（二）创新贸易业态

引进零售业态，建设高端消费品商品市场，允许国内产品、已付关税产品或免关税产品在区内零售。发挥开放口岸和港口的"进、出、转"优势，全力打造专业化、国际化的大宗商品交易平台，开展能源产品、基本工业原料和大宗农产品的国际贸易。建设大型保税交易市场、商贸集散区，完善大宗商品储运及期货保税交割功能，为国际国内市场全方位对接提供便利。积极建设进出口商品的电子交易平台，探索跨境电子商务模式，实现线上"贸易流"、"资金流"和"信息流"与线下"货物流"的四流合一。

（三）升级贸易功能

完善保税仓储、国际物流、商品展示、国际中转、国际采购、贸易结算、国际维修、金融保险、信息咨询等贸易配套功能，形成储、供、运、销产业发展链，为贸易的发展提供低成本、高效益的服务。

鼓励跨国公司建立亚太地区总部，建立整合贸易、物流、结算等功能的运营中心。充分发挥试验区保税仓储、转口、进出口等功能，利用国家赋予的物流政策优势，提供货运、船代、货代、报关、仓储、商业加工、分拣、配送等全过程的物流服务，形成多层次、多元化的国际物流运作体系。拓展采购配送功能，着力吸引跨国公司地区性采购、配送营运销售中心入驻。建设进出口商品展示展销平台，使试验区成为功能齐全、设施先进、展品众多、洽谈便利的国际商品展示中心。推出维修检测业务的保税监管政策及操作流程，进一步强化商品检测维修等功能，建立相关商品的检测中心和维修基地。在加强对试验区国际收支申报管理的基础上，不实行外汇管制，实现区内外汇自由兑换和流动，适时准许区内各类金融机构开展离岸金融业务。

（四）简化贸易监管

优化"境内关内"的监管模式，以便利化和自由化为核心，借鉴国际做法，创新贸易监管手段。货物贸易自由化和便利化政策不针对特定国家和地区，以最惠国待遇为原则。配合政策实施，采取围网监管模式，探索海关特殊监管区功能升级和监管模式改革，真正实现"一线放开、二线管住、区内自由"的监管服务新模式。改善政府部门管理水平，节约政府管理成本。降低企业贸易成本，提高效率，增加贸易机会。营造宽松开放的贸易环境，促进商品和市场要素的自由流动，扩大我国贸易规模。

第五节 试验区发展布局建议

（一）试行"一区两园"

在试验区试行"一区两园"，构建相对独立的以贸易便利化为主的"货物贸易园区"和以扩大服务领域开放为主的"服务贸易园区"。货物贸易园区实行"境内关外"管理，货物贸易园区进出境口岸设定为"一线"管理，货物贸易园区与境内其他地区（包括试验区内的其他功能区）之间的区域监管线设定为"二线"管理，实行物理围网方式进行监管。货物贸易园区可利用港口优势和特殊政策优势，发展航运物流、展览展示、国际物流、国际贸易、加工制造等货物贸易产业。服务贸易园区则发展金融、信息服务、科研、旅游、文化等服务贸易产业，由于以服务贸易而非保税加工等业务为主，不享受货物贸易园区的保税进口料件及入区退税等货物贸易的优惠政策，不设物理围网。

（二）设立"主辅区"

中国（上海）自由贸易试验区总面积为 28.78 平方公里，未来，园区功能的扩展将会面临土地开发空间不足的问题。因此，可以借鉴美国的做法，设立一个辅区，作为自由贸易区的一个附属部分，把那些因用地成本、环保、固定投资较大等原因不宜落户主区的企业放到辅区，辅区的企业也可以享受和主区一样的优惠政策。分区设计可以提升自由贸易区发展机制的灵活性，扩大自由贸易试验区的覆盖范围，提高生产资源的空间配置效率，省去单设一套管理机构的问题，既保证政策和监管的统一协调，又节约政府管理的成本。

设立中国（上海）自由贸易试验区，涉及方方面面的制度性突破，是一项系统工程，需要系统考虑、整体推进，要坚持顶层设计和基层首创相结合、坚持先行先试与依法办事相结合、坚持系统规划与分项实施相结合，有力、有序、有效推进。推动试验区在管理体制、监管体系、法制体系、财税政策和运输服务等诸多方面进行创新突破，有效促进试验区货物贸易的转型升级。

（三）构建与国际接轨的管理体制

创建与国际接轨的管理模式，强调部门之间的配合、协调和信息共享，寻找利益平衡点，实现利益最大化。

1. 创建双层管理体制

借鉴美国对外贸易区实行政府管理和市场管理相结合的双层管理体制。在政府管理上，要设立独立的管理机构，隶属于国务院，是全国唯一依法直接管理自由贸易试验区的行政管理机构，如自由贸易试验区管理委员会，将分散于多个职能部门的权力整合起来，可以从相关部门或相关领域抽调专家，对自由贸易试验区进行独立管理。管理机构集成地方政府的经济管理职能，协调包括海关、质检、商务、税务、工商、外汇管理等在内的横向监管体系。这种管理标准是统一和刚性的，代表着政府的强制力，可以避免共同管理带来的沟通成本高、管理效率低下的弊端，提高政府管理效率和服务水平。在市场管理上，充分引入市场机制，由一个政府或政府控股的机构、企业对园区的发展进行统一规划并负责土地开发、基础设施开发、招商引资、物业管理、项目管理、提供咨询服务、产业开发、接受投诉受理等，并且尽可能地为园区企业提供服务。

2. 建立自由贸易试验区综合信息服务中心

成立综合信息服务中心，借助电子信息联网手段，实现自由贸易试验区内海关、质检、商务、税务、工商等行政监管部门信息共享、跨界互联互通，经营者只需提交一次信息，在此基础上，海关当局和其他部门可同时处理该信息，为经营者提供极大便利。信息共享、多部门协作，可以提高监管效率与监管能力。

（四）探索灵活便利的监管模式

在贸易领域，中国（上海）自由贸易试验区将实施"一线逐步彻底放开、二线安全高效管住、区内货物自由流动"的监管服务新模式，由货物监管向企业监管转变，由监督检查向提供服务转变。

1. 树立正确的监管理念

树立"进入自由区的货物一般不属于海关正常监管"的监管理念，监管的重要内容不是自由贸易试验区内的货物，而是货物进出自由贸易试验区的边界。实行货物入区备案、区内自由储存流动、出区核销，给区内企业充分的自由。但是同时，对违反法律法规的经营者要采取严厉的处罚措施，如吊销营业执照、处以巨额罚款等。海关监管的指导思想是提供服务，海关在自由贸易试验区不派设常驻机构，如派驻机构的，其办公室设在隔离设施之外，没有特殊情况，海关人员不进入自由贸易试验区。建立海关审计核查制度，将逐单逐票的核查改为不定期审计核查。以定期或不定期抽查监管方式代替在出入区时点上的全覆盖式监管，以严格的审计执法来平衡货物自由流动可能出现的管理风险。

2. 采取便利的监管手段

借鉴其他国家先进的监管手段，试点以下措施，提高企业运营效率，节省成本。

其一，便捷通关。①探索"两步申报"通关方式。不断优化通关流程，对进出口货物探索实施"两步申报"的通关方式，采取"简单申报 + 详细申报"的模式，将审核征税等占用较多通关时间的环节移至货物放行之后，实现货物查验放行和审核征税相分离，大幅缩短货物通关时间。或者采取"舱单申报 + 货物申报"的模式将通关环节"前推"，利用货物运抵前获取的舱单信息，提前开展风险分析，明确监管重点，货物运抵后实施快速验放，并在货物正式申报后的一个工作日内，为符合放行条件的货物办理放行手续。②试行直接通关程序。试验区内的使用者可在货物抵达前向当地海关提出申请，当进口货物抵达时，可直接运往园区而免除向海关申报，有效提高企业对物流的支配和调度能力。③试行周报关制度。借鉴美国经验，允许企业对进出口货物实行一周集中申报一次，为企业节约报关费用。

其二，便利转关。试验区应加强与国内其他保税区海关的联系，争取建立统一的电子化平台，便于诚信企业在全国范围内进行货物转移，提高企业整体经营效率和竞争力。试验区与其他特殊监管区域间实施货物自由流转，只需在口岸间进行数据交换，无须办理转关手续且免予检验检疫。试验区内不同片区之间货物自由流转，企业无须办理申报手续。

其三，使用电子海关系统。海关之间或海关与经营者之间传递信息，包括文件、通知、决议等必须通过电子数据处理系统进行。

其四，分类监管，简化检验检疫手续。对试验区进口货物实施分类监管，在试验区与境外往来口岸实施重点进口货物把关，一般进口货物在试验区内使用的，免予检验。简化自由贸易试验区生产出口工业品的检验监管流程，除国外有关检验要求的，免予检验。

（五）建立健全贸易法制体系

根据国际上已有的自由贸易区立法经验，尽快建立健全自由贸易区相关法律体系，力争实现"立法"与"建区"同步推进。

1. 制定《中国自由贸易区法》

参照国际惯例以及其他自由贸易区的法律，推动人大制定一部全国自由贸易区法律——《中国自由贸易区法》，明确自由贸易区的性质、地位、目的、功能、管理体制、优惠制度和管理制度等。短期内制定一部综合性的自由贸易区法律不现实，因此可以采用分阶段立法的方式进行。以上海自贸区为试点对运行法律法规进行测试，对自由贸易区的管理机制、优惠政策、金融服务以及海关监督方面的法律进行探索，为试点区的依法运行提供法制保障。

2. 引入国际商事仲裁制度

引入国际商事仲裁的先进制度，为自由贸易试验区的企业提供商事仲裁服务，审理有关商事纠纷案件。

3. 加强非市场规则体系建设

比照国际标准，严格自由贸易试验区在知识产权、劳工标准和环境保护等领域的标准要求，加大执法力度，为我国今后参与国际规则制定、打造国际竞争新优势进行先行先试，将试验区打造成为全面国际化的一流自由贸易区。

（六）加快完善财税配套政策

上海自贸区可参考欧美经验，在财税方面寻求与国际接轨，试点制定更具竞争力的财税政策，在关税、流转税、所得税和出口退税等方面进行改革，营造物流运作成本优势，间接提升试验区对特定企业的吸引力。

关税、增值税和消费税。试验区保证对进口货物免征进口税、增值税及其他进口费用。试验区内企业之间货物交易免征增值税和消费税。根据企业申请，试行对内销货物按其对应进口料件或按实际报验状态征收关税。

所得税。试验区可针对不同产业类型，对中间产品和最终产品设计不同税率，鼓励高科技产品在试验区建立完整产业链。在制定产业准入及优惠目录的基础上，对试验区符合条件的企业减按15%的税率征收企业所得税。对高新技术企业减按7.5%的税率征收企业所得税。对试验区内企业以股份或出资比例等股权形式给予企业高端人才和紧缺人才的奖励，实行已在中关村等地区试点的股权激励个人所得税分期纳税政策。

退税。①免去出口退税手续。借鉴美国避免出口退税手续，企业利用自由贸易试验区可以省去先缴税再退税的环节，直接将这部分资金留存在企业中作为运营资本。②完善启运港退税试点政策，适时研究扩大启运地、承运企业和运输工具等试点范围。

财政补助。为保持上海自贸区的可持续发展，政府或试验区管理机构可制定多种补助措施。对符合上海及中国长期产业发展目标，促进就业和稳定的项目提供研发补助、培训补助等。对试验区重大基础设施项目给予财税支持。中央财政在 5 年内对试验区的开发建设给予专项资金补助。对试验区产生的税收收入中央所得部分全额返还，用于试验区开发建设。

赋予企业国内贸易经营主体资格。对于试验区达到一般纳税人标准的企业应该给予一般纳税人资格，并按照现有的增值税抵扣规定，对于其从国内采购的设备、原材料等不按照出口办理，而是列入进项税额。海关对试验区企业销售到国内的货物应缴纳的进口环节增值税进行汇算清缴，抵扣企业产生的进项税额后，将差额缴纳入库。

（七）提能升级现代运输服务

依托天然深水港口和国际航运线交点的优势，实施自由化的航运制度，全面提升口岸与港口的国际化水平，推动上海转口贸易蓬勃发展，形成与上海国际航运中心的联动机制。

制定一套符合国际规范的船运业管理程序和规定，如船舶登记、船级检验等，探索形成具有国际竞争力的航运发展制度和运作模式。简化国际船舶运输经营许可流程，形成高效率的船籍登记制度。港口实施自由进出管理，船舶入港免办海关手续，非强制引航，船员可自由登岸，边防海关人员不上船检查，出入境、卫生检疫手续从简等。推动中转集拼业务发展，允许在试验区设立中方控股的中外合资船务公司，经营上海港口与国际港口之间的船舶运输业务，并为船舶运输提供揽货、签发提单、结算运费、签订合同等日常服务。允许在试验区内注册的外资国际船舶运输企业的中国籍船舶在国内沿海港口和上海港区之间从事沿海捎带业务。支持浦东机场增加国际中转货运航班。制定航运税费优惠政策，对注册船实行低税率优惠，降低注册费，简化注册手续，允许船商低工资自由雇用外籍和本国船员。

（八）推动区内区外联动发展

上海自贸区是我国对外开放的窗口，是深化改革的试验田，推进试验区贸易转型升级责无旁贷，同时试验区更肩负着辐射周边地区、引领我国海关特殊监管区域改革升级的重任。因此，要建立区内与区外联通、互动机制。

1. 试验区与其他海关特殊监管区功能互认

推进试验区与其他海关特殊监管区在海关、检验检疫、口岸监管等方面的有效配合，实行资质互认，共同提高贸易服务水平，有效降低物流成本及消耗时间，实现区内外的合作共赢。建立电子信息平台，并与其他海关特殊监管区实现对接和信息共享。

2. 试验区与内陆地区合作共赢

试验区要成为内陆省份货物的"出海口"，以优惠的政策吸引内陆地区通过海铁联运到试验区装船出海，简化通关手续，增强服务意识。试验区为港口作业、物流仓储等提供全方位的配套服务，从而成为连接长三角和中西部地区的"大桥梁"，提升内陆港区能力，促进内陆地区货物流通，提升内陆地区经济发展水平，同时扩大和延伸试验区的经济腹地，提升试验区的经济发展水平。

中国（上海）自由贸易试验区
服务业开放研究

建立中国（上海）自由贸易试验区，是我国顺应全球经贸发展新趋势，实施更加积极主动对外开放战略的一项重大举措。建立自贸区的一项重要任务是扩大服务业开放，探索建立"准入前国民待遇"和"负面清单"管理模式，以此提升开放型经济水平，为全面深化改革和扩大开放探索新途径、积累新经验。根据《中国（上海）自由贸易试验区总体方案》的设计，扩大服务业对外开放将选择金融服务、航运服务、商贸服务、专业服务、文化服务以及社会服务六大领域，实施23条开放措施，暂停或取消投资者资质要求、股比限制、经营范围等准入限制措施，营造有利于各类投资者平等准入的市场环境。服务业开放作为新一轮改革开放的重点，不但承载了改革深水区攻坚战的使命，而且肩负着由边境开放向境内开放转变的开放方式变革的重任。上海自贸区还处在探索阶段，需要通过反复的试错过程，形成开放经济条件下的市场规范。这一阶段的主要特征体现在市场调节的手将大于监管的手方面。

第一节　我国服务业对外开放现状

（一）我国服务业贸易与投资新发展

1. 服务贸易逆差出现持续扩大的趋势

我国服务贸易长期处于逆差的境地，而逆差规模在 2007 年之前始终比较稳定，如图 3 - 1 所示，我国服务贸易逆差在 2007 年之前的变化趋势比较平稳，始终保持在百亿美元之下。2007 年之后逆差出现大幅上升，由 76 亿美元扩大到 2011 年的 549 亿美元，4 年内增长 6.2 倍。2012 年前三季度服务贸易出口 1371 亿美元，较上年同期增长 6.5%；进口 2072 亿美元，较上年同期增长 19.2%；在不考虑第四季度的情况下，服务贸易逆差额已经高达 701 亿美元，比上年同期增长 75.5%，创历史新高。

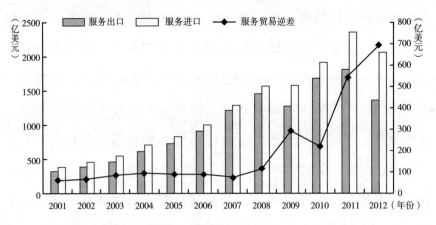

图 3 - 1　我国服务贸易逆差变化趋势（2001～2012 年前三季度）

资料来源：商务部《服务贸易统计月报》。

从服务贸易的地区分布来看，2011年贸易进出口额超过百亿美元的省市主要为上海、北京、广东、江苏、浙江、山东、天津和福建。其中，上海和北京分别以346.4亿美元和65.4亿美元成为我国服务贸易逆差最高的地区；而广东和浙江分别以73.3亿美元和53亿美元成为我国服务贸易顺差最高的地区。

2. 服务贸易出口结构有所改善，生产性服务业竞争力逐步提升

总体而言，我国服务贸易出口主要靠传统服务行业支撑，现代生产性服务部门的比重很小。如表3-1所示，服务出口主要以旅游、运输和其他商业服务等利用自然资源的劳动密集型产业为主，三个行业在2012年前三季度占据了62%的出口份额。而更具现代意义的技术和知识密集型的通信、保险、金融、咨询、计算机信息、专有权利使用费和特许费等生产性服务部门对出口的贡献很小。但对比2003年和2012年的数据，可以发现专利权使用费和特许费的出口占比由0.2%上升到0.4%，保险服务由0.7%上升到1.7%，计算机信息服务由2.4%上升到7.7%，咨询服务4.1%上升到17.6%，服务贸易整体的出口结构在逆差不断扩大的条件下有所改善，主要源于我国生产性服务业国际竞争力的逐步提高。

3. 服务贸易国际竞争力总体出现下降

对一国贸易竞争力的分析经常使用贸易竞争力指数这一工具，该指数值越接近1，表示一国在该种商品的出口上越具有竞争优势。反之，越接近-1，则表示一国在该种商品的出口上竞争力越差。表3-2是我国服务贸易分行业的贸易竞争力指数自2007年以来的

表 3 - 1　我国服务贸易出口结构变化情况（2003 ~ 2012 年）

年份	2003			2012 前三季度		
	金额 （亿美元）	比上年 增长(%)	占比 (%)	金额 （亿美元）	比上年 增长(%)	占比 (%)
运输	79.1	38.2	17.0	289.0	9.7	21.1
旅游	174.1	-14.6	37.5	360.0	3.5	26.3
通信	6.4	16.1	1.4	13.0	3.7	0.9
建筑	12.9	3.5	2.8	97.0	-6.5	7.1
保险	3.1	49.7	0.7	23.0	11.9	1.7
金融	1.5	197.9	0.3	6.0	16.8	0.4
计算机和信息	11.0	72.7	2.4	105.0	20.3	7.7
专有权利使用费和特许费	1.1	-19.5	0.2	6.0	14.9	0.4
咨询	18.8	46.7	4.1	241.0	19.4	17.6
广告、宣传	4.9	30.4	1.0	34.0	24.0	2.5
电影、音像	0.3	12.7	0.1	1.0	8.6	0.1
其他商业服务	150.6	71.8	32.5	196.0	-7.1	14.3
总　计	463.7	17.8	100.0	1371.0	6.5	100.0

资料来源：商务部《服务贸易统计月报》。

变动情况。从各行业贸易竞争力指数的数值可以发现，专有权利使用费和特许费的贸易竞争力最弱，接近 -1；运输、保险、金融都基本处于负值，旅游和电影、音像则由正转负，是我国服务贸易存在逆差的主要原因。由竞争力增幅一列还可以发现，旅游、运输和电影、音像自2007年以来竞争力出现了大幅下降，降幅最高的旅游业达到426%。

其中，生产性服务业的国际竞争力下降与我国制造业在国际生产价值链中所处的地位相对应，"世界工厂"的特殊地位使我国对生产性服务业需求较大，特别是知识技术密集型的高端服务需求更加迫切。

表 3 - 2　服务业分行业贸易竞争力指数（2007 ~ 2012 年前三季度）

年份	2007	2008	2009	2010	2011	2012	竞争力增幅(%)
运输	- 0.16	- 0.13	- 0.33	- 0.30	- 0.39	- 0.38	- 134.6
旅游	0.11	0.06	- 0.05	- 0.09	- 0.20	- 0.36	- 426.0
通信服务	0.04	0.02	0.00	0.04	0.18	0.04	- 2.8
建筑服务	0.30	0.41	0.23	0.48	0.60	0.58	93.9
保险服务	- 0.84	- 0.80	- 0.75	- 0.80	- 0.73	- 0.74	12.6
金融服务	- 0.41	- 0.28	- 0.25	- 0.02	0.06	- 0.14	65.5
计算机和信息服务	0.33	0.33	0.34	0.51	0.52	0.58	77.6
专有权利使用费和特许费	- 0.92	- 0.90	- 0.93	- 0.88	- 0.90	- 0.91	0.9
咨询	0.03	0.15	0.16	0.20	0.21	0.26	700.9
广告、宣传	0.18	0.06	0.08	0.17	0.18	0.24	33.5
电影、音像	0.35	0.24	- 0.48	- 0.50	- 0.53	- 0.60	- 273.5
其他商业服务	0.19	0.06	0.14	0.35	0.28	0.15	- 20.4
总　　计	- 0.03	- 0.04	- 0.10	- 0.06	- 0.13	- 0.20	- 572.1

资料来源：根据商务部《服务贸易统计月报》各年数据计算整理。

4. 外商直接投资行业结构不合理

如表 3 - 3 所示，服务业外商直接投资主要分布在房地产、批发和零售、租赁和商务服务业，三个行业在 2011 年占据了 75% 的外商直接投资份额。而更具现代意义的技术和知识密集型的通信、金融、教育在全部外商直接投资中占比很小。对比 2005 年和 2012 年的数据可以发现，科学研究、技术服务和地质勘查业的占比由 2.3% 上升到 4.2%，金融业的占比由 1.5% 上升到 3.3%，在这些行业中，外资准入的限制逐步被打破，但开放范围和深度都有所限制。而信息传输、计算机服务和软件业的占比由 6.8% 下降到 4.6%，交通运输、仓储和邮政业的占比由 12.2% 下降到 5.5%，这些行业的外商投资环境并没有显著改善，外资进入的限制没有进一步降低。

表 3 - 3　服务业外商直接投资行业分布（2005～2011 年）

年份	2005	2006	2007	2008	2009	2010	2011
交通运输、仓储和邮政业	12.2	10.0	6.5	7.5	6.6	4.5	5.5
信息传输、计算机服务和软件业	6.8	5.4	4.8	7.3	5.8	5.0	4.6
批发和零售业	7.0	9.0	8.6	11.7	14.0	13.2	14.5
住宿和餐饮业	3.8	4.2	3.4	2.5	2.2	1.9	1.4
金融业	1.5	1.5	0.8	1.5	1.2	2.2	3.3
房地产业	36.3	41.3	55.2	49.0	43.6	48.0	46.1
租赁和商务服务业	25.1	21.2	13.0	13.3	15.8	14.3	14.4
科学研究、技术服务和地质勘查业	2.3	2.5	3.0	4.0	4.3	3.9	4.2
水利、环境和公共设施管理业	0.9	1.0	0.9	0.9	1.4	1.8	1.5
居民服务和其他服务业	1.7	2.5	2.3	1.5	4.1	4.1	3.2
教育	0.1	0.1	0.1	0.1	0.0	0.0	0.0
卫生、社会保障和社会福利业	0.3	0.1	0.0	0.0	0.1	0.2	0.1
文化、体育和娱乐业	2.0	1.2	1.5	0.7	0.8	0.9	1.1

资料来源：《中国统计年鉴》各年数据计算整理。

（二）WTO 下的服务业开放

加入 WTO 极大地促进了我国服务业开放水平的提高，我国政府相应就149个服务分部门的82个部门做出了约束承诺，承诺比例达55%。从总体水平看，中国的承诺水平与转型国家接近，是发展中国家中最高的。在具体承诺方面，从服务提供方式上看，中国对自然人流动和商业存在的限制较为严厉，有超过一半的部门受到约束限制，另外少于一半的部门"不做承诺"。相比而言，对跨境交付与境外消费的限制较为宽松。根据 GATS "国民待遇"原则的精神，要求协定参加方对外国企业适用不低于国内企业水平的相同政策。但基于我国的国情，服务业市场开放的国民待遇问题却存在非常复杂的情况。经济发展的复杂背景导致了在不同类型企业、不同类型行业之间存在广泛的国内差别化政策措施，这在事实上构成服务业对外开放的巨大障碍，也就是所谓的服务业"玻璃门"和"弹簧门"问题。

我们主要采用 Hoekman 频度分析法对服务业市场的开放情况进行定量分析。从总体上看，我国各服务部门的承诺情况具有较大的差异。环境服务部门的对外开放程度最高，子部门均有不同程度的承诺。在市场准入下商业存在全部做出了有保留的限制，并且其具体内容为"允许外国服务提供者仅限于以合资企业形式从事环境服务，允许外资拥有多数股权"。

分销服务部门的对外开放程度仅次于环境服务部门。市场准入和国民待遇频度指标均在 12 个服务部门中列第二位。该部门在"无限制承诺"比例上达到 42.5%。该部门市场准入下的境外消费、商业存在和自然人流动以及国民待遇下的境外消费、自然人流动和商业存在均做出"无限制承诺"或"有保留承诺"。此外，市场准入下的商业存在的"有保留承诺"综合运用了"过渡期"、"产品范围"、"地域范围"和"企业形式"等多方面的限制措施。分销服务部门与货物贸易紧密相关，我国货物贸易的迅猛发展将对"分销服务"部门的对外开放水平提出更高的要求。

金融服务和通信服务部门的对外开放程度均属于中等水平，与分销服务部门一样，这两个部门在市场准入下的有保留承诺也综合运用了多种交叉的限制开放措施，所以即使国民待遇下的"无限制承诺"很多，其实际的对外开放程度还是较低的。

建筑及相关工程服务部门的总体对外开放水平较低，该部门在市场准入和国民待遇下的商业存在均做出"有保留承诺"。其中，市场准入下的商业存在承诺为"仅限于合资企业形式，允许外资拥有多数股权"、"中国加入 WTO 后 3 年内，允许设立外商独资企业。外商独资企业只能承揽四种类型的建筑项目"。其他服务部门的对外开放指数由高到低依次为：教育服务、旅游及旅行相关服务、商务服务、运输服务。相比之下，娱乐、文化及体育、健康及相关社会服务和其他服务部门对外开放程度较高。

（三）CEPA 和 ECFA 下的服务业开放

2004 年 1 月 1 日，《内地与香港关于建立更紧密经贸关系的安排》（以下简称 CEPA）的正式实施使内地与香港的合作进入了一个新的阶段，随着 CEPA 各项政策安排的落实，其促进内地与香港服务业合作及双边服务贸易发展的制度性作用逐步显现。2004～2013 年，内地已在 38 个服务领域向香港提供了单边准入优惠，越来越多的香港服务业者便利地进入内地，香港本身对内地的区域性运输和仓储服务功能也由此获得进一步发挥。根据 2003 年 6 月签署的 CEPA 协议、2003 年 9 月签署的 CEPA 协议附件和 2003～2012 年逐年签署的 9 个补充协议，内地在法律、会计、医疗、视听、建筑、分销、金融、运输、旅游、会展和个体工商业 11 大领域对香港的服务及服务提供者渐次加大开放程度并逐步放宽市场准入条件。法律服务方面，CEPA 及其补充协议从放宽律师个人执业到准许事务所参与或独立在内地投资兴业。在分销服务业方面，香港服务提供者对图书、报刊、药品、农药、农膜、成品油、化肥、粮食、食糖、棉花等零售行业投资条件和出资比例不断放宽。在金融服务业方面，持续扩大开放银行、证券等核心业务，开展全方位金融合作。值得一提的是，CEPA 在金融服务领域实现了双向有条件准入，即补充协议二允许符合条件的内地创新试点类证券公司在港设立分支机构，允许符合条件的内地期货公司在港经营期货业务。补充协议四提出积极支持内地银行赴港开设分支机构。补充协议六允许符合条件的经中国证监会批准的内地证券公司在港设立分支机构。补充协议七允许符合条件的内地期货公司在港设立子公司。

2010 年 6 月 29 日，中国大陆海协会与台湾海基会领导人正式签署《海峡两岸经济合作框架协议》（简称 ECFA）。为尽快推动两岸服务贸易的发展，ECFA 以"服务贸易早期收获计划"的方式率先对两岸在附件四中所列部门的服务启动市场准入，并进一步通过附件五对服务贸易提供者加以具体界定，以防止其他国家的服务提供者搭便车，从而确保优惠措施落实在两岸合格的服务提供者身上。早期收获计划中，大陆将开放 11 个部门，台湾开放 9 个部门。大陆在金融服务和计算机、研发服务及医疗服务等非金融服务方面都给予了台湾更加便利的市场准入。在金融服务部门，只要台湾银行在大陆营业两年以上并盈利一年以上就可以从事人民币业务，这与 CEPA 下给予香港的待遇是一样的。同时，在早期收获计划中，大陆将以前从未对 WTO 成员开放的其他商业服务项下的"研究和开发服务"向台湾打开了大门，并且又对"与健康相关的服务和社会服务"部门下的"医院服务"第一次做出开放的承诺。此外，早期收获计划涉及的绝大多数非金融服务部门都允许台湾服务提供者在大陆建立全资企业，这显然又优于 WTO 成员所享受的待遇，因为后者只能建立合资企业。

（四）FTA 下的服务业开放

目前，中国与东盟、巴基斯坦、智利、新西兰、新加坡、秘鲁、哥斯达黎加、中国香港、中国澳门、中国台湾签署的区域贸易安排均涵盖服务贸易内容。

从 2007 年我国与东盟签订《服务贸易协议》到目前，中国与东盟之间服务贸易总额增长了 100 多亿美元。2010 年 1 月 1 日，中国—东盟自由贸易区正式成立，成为发展中国家间最大的自贸区，中国对东盟国家 93% 产品的贸易关税降至最低。东盟与中国的贸易量也于同年超过日本，成为中国第三大贸易合作伙伴。为了促进双边服务贸易进一步开放，在 2011 年召开的中国－东盟领导人峰会上，双方签署了《关于实施中国－东盟自贸区〈服务贸易协议〉第二批具体承诺的议定书》（以下简称《议定书》）。该《议定书》在第一批具体承诺基础上又进行了更新和调整，对服务业开放部门做出更加细致的安排。中巴双方就服务贸易协定内容和服务部门等开放问题于 2008 年 12 月全部达成一致。双方都在世贸组织承诺的基础上，对有关部门进行了进一步开放，同时也开放了一些新的部门。中国和智利签订自由贸易区协议后，双边贸易往来更加密切，2007 年双方的贸易额为 147 亿美元，增长率比开展自由贸易前提高了 45%，双边的贸易额比预期提前突破"百亿"美元。随之两国于 2008 年又签署了《中智自贸区服务贸易协定》，协定包括正文 22 项条款和两个附件。协定规定双方在 WTO 承诺基础上，我国的计算机、管理咨询、环境等 23 个部门和分部门，以及智利的法律、建筑设计、工程、计算机、研发、房地产、广告、管理咨询、采矿、制造业、租赁、分销、教育、环境、旅游、体育、空运等37 个部门和分部门将进一步向对方开放。同时我国与新加坡、秘鲁等国家也签订了自由贸易协定，协定的实施均推动了双边进一步开放服务市场，增进优势互补，改善投资环境，提升国际竞争力，进一步加强了双边合作关系。

（五）上海市服务业开放概况

2012 年上海第三产业增加值为 12061 亿元，同比增长 10.6%，第三产业增加值占全市生产总值的比重达到 60%，比上年提高 2个百分点，第三产业拉动全市经济增长 6.2 个百分点，对全市经济增长的贡献率达到 82.7%，贡献率比上年提高 16 个百分点（见图3-2）。服务业规模不断扩大的同时，内部结构也不断优化。批发零售业、金融业、信息传输与计算机软件业均保持两位数增长，分别比上年增长 11.5%、12.6%、16.5%，三者增加值之和占第三产业比重逐步提高到 55.2%，比上年提高 0.8 个百分点。

1. 服务业外资结构不断优化，服务业对外开放水平不断提升

2012 年上海以服务经济为主的引进外资结构进一步凸显，第三产业外商直接投资合同项目 3818 个，占全市合同数量的比重高达 94.4%，比上年提升 0.7 个百分点；第三产业吸收外商投资合同金额 187.13 亿美元，比上年增长 9.6%，占全市总量的比重为83.8%，其中金融服务业增长 70%，商业服务业增长 30%；实际外资金额为 126.8 亿美元，增长 21.6%，占全市实际外资比重达83.5%。到 2012 年末上海实际利用外资总额为 846.7 亿美元。

2012 年末，在上海投资的国家和地区达到 154 个，2012 年上

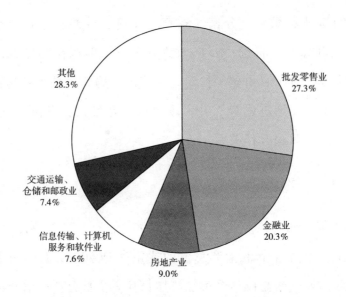

图 3 - 2　2012 年上海市第三产业增加值构成

资料来源：上海市商务委员会。

海全年新认定的跨国公司地区总部 50 家、外商投资性公司 25 家、外资研发中心 17 家，累计分别达到 403 个、265 家和 351 家。上海已经成为中国大陆投资性公司和跨国公司地区总部最集中的城市。

2. 服务贸易强势增长

2012 年，上海服务贸易进口和出口均位全国首位，对全国服务贸易的贡献进一步提高。2012 年，上海服务贸易进出口总额为 1515. 6 亿美元，占全国比重为 32. 2%，其中，出口 515. 3 亿美元，比上年增长 8. 9%；进口 1000. 3 亿美元，比上年增长 22. 1%。运输、旅游和咨询是上海服务贸易的主要行业。2010 年，上海运输、旅游和咨询服务贸易总额分别占同期上海服务贸易总额的 36. 9%、28. 2% 和 11. 4%，合计比例达到 76. 5%。其中，出口贸易中，运输服务贸易所占比重为 30. 6%，咨询为 20. 8%，其他商业服务为

19.5%，旅游为13.7%，计算机和信息服务为7.6%；在服务贸易进口中，旅游服务贸易进口占比为40.9%、旅游为37.4%、保险为5.6%、咨询为5.4%，专利使用费和特许费为4.1%。

上海在金融服务、航运服务、商贸服务等领域已经积累了一定的开放经验，在上海建立自由贸易试验区实施外商投资负面清单管理试点，是我国改革外商投资管理体制工作迈出的实质性的一步，更是开放思路的一种跃进。

第二节　我国服务业进一步开放的问题与挑战

（一）服务业开放的体制和机制壁垒难以突破

制度壁垒是我国服务业进一步开放的最大阻碍，特别是在对服务业开放的监管中存在多头管理的问题：商务部门管市场准入，行业部门有行业前置审批，消防、土地、环评等部门也涉及前置审批。这些都导致服务业开放的管理体制机制不顺同时存在，多头管理、分割管理，重审批轻监管问题突出。

以CEPA协议为例，虽然框架下开放的领域达到50个，但具体到每个领域，都或多或少存在着行业准入门槛。一些措施虽然在CEPA协议中已经明确，但缺乏实施细则。如CEPA9规定"允许香港服务提供者以独资、合资或合作形式在内地设立经营性培训机构"，但教育部门认为国家没有具体操作办法，无法审批，使类似项目至今未能落地，目前我国教育部门仍在执行20世纪90年代出台的《中外合作办学条例》，香港参照此文件执行，CEPA出台后，也未更新相关政策文件；一些措施审批权限不明确，行业管理部门的上下级相互推诿，造成事实上的进入障碍；此外，一些措施的准入门槛内外资区别依然较大，限制了外资进入等。如市场调研、技术检验和分析、建筑物清洁、摄影、笔译和口译、环境、社会服务、旅游、文化娱乐、体育、航空运输、商标代理 12 个领域并没有具体项目落地。

从审批流程来看，在 CEPA 框架下，根据最终审批部门的不同可划分为三类行业：第一类行业由国家商务部门审批，包括广告服务、建筑专业服务、物流服务、旅游及相关服务等。这类行业需要先报地方外经贸（或商务）主管部门，再由相关行业主管部门进行前置审批，再经商务主管部门审批。可见，这类行业的审批程序最为复杂。第二类行业须由相关的国家部委、机构审批，包括法律服务、保险服务、证券服务、金融服务、会计审计簿记服务等。第三类行业须经地方相关行政主管部门审批的，包括会展服务、仓储服务、管理咨询服务和房地产服务，这类服务的审批最为简单。而无论前置审批，还是行业主管部门审批，都在一定程度上制约了 CEPA 协议下投资的便利性。此外，审批管理普遍存在时间较长的问题，如设立独资医院的申请，根据文件规定的程序看，从地方申报到审批需要 180 天，实际上远长于此时间。同时，由于审批流程复杂，且规则的透明度不高，外商很难掌握相关流程，致使一些项目落地存在困难。

（二）开放不足与过度开放并存

针对服务业开放水平的问题，我国目前依然存在严重的分歧：

一方面，某些服务行业开放不足，国际竞争力偏弱，存在严重的贸易与产业发展扭曲；另一方面，某些服务行业过度开放，相关法规缺乏法律约束力，监管不足。在思想层面上，我国关于服务业开放的走向还不够明晰，李钢（2013）就指出，在服务业进一步开放还是强化保护的问题上，事实上存在严重分歧。在具体行业层面上，开放不足与过度开放并存的现实对服务业进一步开放的贸易政策和产业政策协调提出了新的挑战。

目前，就我国具体的服务行业来看，在金融服务、专业服务、医疗服务、计算机与信息服务等领域，对外资存在较大限制。尤其是电信、金融、教育培训、医疗保健等行业对外开放程度低，市场垄断现象较为突出。以金融业为例，国家对其市场准入限制还较多，在银行业，允许外资单一股东持股比例不超过20%，全部外资股东持股比例不超过25%；证券公司外资不超过三分之一，2012年证监会进行了修订，外资比例不超过49%；寿险公司外资比例不超过50%。尽管上海自贸区在金融业开放上有所突破，鼓励符合条件的外资金融机构设立外资银行，鼓励有条件的民营资本与外资金融机构共同设立中外合资银行，但由于条文比较原则化，没有具体的设立标准，实际操作起来还有不少难度。

政府层面普遍认为商业服务业属于过度开放的行业，以上海为例，外资企业数量远超过北京、广州等城市，集聚了国内外商贸企业总部和企业运营管理中心、品牌运营中心、资金结算中心、物流中心、分拨中心、销售中心和采购中心等，还成为众多国际高端商品和服务品牌的中国地区总部、亚太地区总部。2012年上海商业引进外资合同项目 2244 项，合同外资金额 51.6 亿美元，全年批发零售业实际外资 24.0 亿美元，占第三产业实际外资的近 10%。上海商业服务业的过度开放主要表现在外资大型商业企业控制了流通渠道，导致中国企业只能成为商业服务业跨国公司全球产业链中的最低端环节。而在监管方面，我国目前相关法律法规有所缺失，没有对行业开放进行必要的规范。

（三）如何将开放与监管相结合

后危机时代，世界经济多极化和全球化仍是主流趋势，随着世界经济重心东移，我国必须加快转变外贸增长方式，创新利用外资方式，从而在保持经济又好又快发展的基础上，释放国际影响力，提高国际竞争力。因此，坚定不移地实现对外开放的基本国策，更进一步对外开放，在更大范围内、更宽领域和更深层次上，扩大开放程度，提高开放型经济水平，依托自由贸易区的建设和发展，努力推进经济发展方式转变，大力发展现代服务业，是中国未来经济发展的必然选择。如何在不断深化开放的过程中处理好监管问题是服务业进一步开放面临的首要难题，上海自贸区提出了"一线放开，二线管住"的解决方案。

"一线放开"，是为了通过对外开放来倒逼各级政府创新管理机制，从而打破过去遗留的、靠自身难以打破的垄断格局和行政管制壁垒。"二线管住"，就是要确保这一轮改革必须符合中国经济健康发展需要，将任何危及"国家安全、金融稳定、社会安宁"的隐患牢牢地挡在国门之外。上海市人民政府已经根据《总体方案》，制定了《中国（上海）自由贸易试验区管理办法》，规定了自贸试验区的基本管理制度。主要包括：自贸试验区管委会新的体制以及统筹管理、协调自贸试验区有关行政事务的职责；自贸试验区综合执法体制；外商投资负面清单管理模式；货物状态分类监管模式；海关和检验检疫监管服务便利化措施；金融创新和风险防范机制以及管理信息公开、一口受理机制、安全审查与反垄断审查机制、监管信息共享等完善行政管理方面的内容。这为自贸区日常监管提供了制度保障。

（四）如何将多边开放与区域开放相结合

金融危机后，世界的贸易和投资规则加速重构，并且重构的速度和力度超过预期。美国相继发起 TPP（跨太平洋战略经济伙伴协定）、TTIP（跨大西洋贸易与投资伙伴协定）和 PSA（复边服务贸易协定）。这三个双边和多边贸易谈判，未来将有可能取代 WTO 规则，成为世界主流贸易和投资框架。相比 WTO，这三个谈判更侧重于投资便利化、外资国民待遇化、降低投资壁垒等。此外，中、日、韩 FTA 等区域自由贸易协定推动了我国服务业的区域开放进程。新的国际背景呼唤建立自由贸易试验区，抓住全球贸易与投资体制重构的窗口期。一方面是新的国际贸易秩序加速形成；另一方面传统的 WTO 多边贸易体系经过这些年发展，局限性日益突出。

上海自贸区的设立就是要先行试验国际经贸新规则、新标准，积累新形势下参与双边、多边、区域合作的经验，从而为我国参与新国际经贸规则的制定提供有力支撑。而自贸区初期的侧重点也主要集中在政府权力收缩、投资领域放宽、贸易便利化方面。

（五） 如何将协议开放与自主开放相结合

我国服务业发展目前面临转型发展的需要，自主开放的内在动力是想通过开放来提升服务业国际竞争力，构建新的服务贸易结构。如何以开放倒逼改革，逐步建立"以准入后监督为主，准入前负面清单方式许可管理为辅"的投资准入管理体制是自主开放的核心问题。现有体制中最难改革的就是审批制度，进一步改革的目的是终结审批制，要按照国际规范来突破这一难点。

中美双边投资协定是近期正在进行中的服务业协议开放谈判。我国对美谈判的一个重要意义在于，通过对美以及随后的对欧谈判，提出自己的一些有关国际投资体制的主张，从而对正在形成的国际投资体制形成一定的话语权。此外，以协议开放方式促进服务业自主开放对我国意义更大。因此，将协议开放与自主开放相结合，根据我国经济自身发展的情况逐步提高承诺水平，进而提高服务业开放水平。

（六） 如何将全面扩大深化开放与重点领域开放相结合

我国一方面要通过继续参与多边或区域贸易谈判，深化服务业对外开放承诺，逐步减少国民待遇限制，提升本国服务业市场竞争程度。另一方面应主动改善有关的国内规制，增强政策透明度，重点依靠国内规制体现和落实行业差别政策，维护行业市场的有序竞争与发展。

在全面扩大深化开放的基础上，我国应着重在金融服务、航运服务、商贸服务、专业服务、文化服务等重点行业加快开放步伐。

特别是金融、航运、商贸行业可以相互促进、联动发展，并且在此过程中，通过以开放促改革，推进服务业在更高层次、更宽领域内的更全方位开放。长三角地区过去主要通过产业转移进行联结的"雁阵模式"，也将相应升级至中心城市辐射外围城市，以及先行先试地区创新示范与推广的更高版本。而上海自贸区试点建设，符合服务业全面扩大深化开放与重点领域开放相结合的要求，有助于推动完善全国一体的开放型经济体制机制。

第三节 我国服务业进一步开放的重点部门

我国在《服务贸易发展"十二五"规划纲要》中明确提出了服务贸易发展的重点领域，主要包括旅游、信息技术、建筑、运输、金融、教育、商业等服务部门。而我国近期在区域服务贸易安排中做出"扩展承诺"的部门主要集中在商业、医疗、运输和文娱体育，做出"深化承诺"的部门主要为商业、环境、分销和运输四个部门。

（一）我国服务业进一步开放的原则

根据我国服务业发展阶段，进一步开放的重点部门应该符合两个条件。

1. 与货物贸易相关的生产性服务业先开放

金融、航运、商业等生产性服务行业与货物贸易紧密相关，在产业链中处于制造业的上下游。在一个高端现代服务业平台上，信息技术服务业等智力要素密集、产业关联带动效应强的功能型和知识型服务业也要率先开放，这样才能着力打造一批各具特色的现代服务业。而生产性服务贸易通过强化资本、劳动和技术等要素的积累，使得资源在不同的产业间进行重新配置，降低生产成本，进而提升生产效率，加快技术进步，有利于推动产业结构的优化调整，提高整体贸易结构。

2. 体现开放倒逼改革的行业先开放

处于改革深水区的服务行业需要通过开放来推动改革，比如医疗服务业。引入外资机构一方面能让国内企业借鉴和学习优秀外企的经验和做法，有助于改变现有状态；另一方面引入竞争机制，对于推动我国医疗体制改革也将起到正面作用。

（二）服务业开放的重点行业

1. 通信服务业

尽管入世后，外国电信运营商的进入并没有对我国电信业形成较大的冲击，但我国电信业贸易仍然不稳定，服务质量没有明显提高，尤其是国际竞争力不足，严重制约了我国电信业的服务贸易。更为重要的是，在世界经济一体化的过程中，全球价值链分工在服务业进一步扩展，全球产业结构的调整伴随着先进技术在国际的扩散，通信服务业开放有助于技术其他关联行业的扩散。

2. 海运服务业

海运服务业是发达国家普遍有限制开放的行业部门，我国对海运业的开放力度在发展中国家中是最大的。目前，关于海运服务开放的焦点在于捎带运输，捎带运输是指一家公司使用其自有船只将货物从中国运载到海外目的地时，在中国港口将货物从该公司的一艘船转移到同属该公司所有的另一艘船上的做法。目前，我国禁止国外海运公司在国内港口进行货物的转船操作。就捎带运输本身而言，它的灵活性使航线网络得以优化，从而降低运输成本，同时提高了港口利用的效率。在这一点上，美国和欧盟各港口之间自由运输集装箱的业务使各个港口的收入有了客观的增长并促进了相关服务业的发展。因此，捎带运输业务是我国海运服务业进一步开放的重点。

3. 航空运输服务业

航空运输服务本身是发达国家重点限制或者禁止开放的行业，但与航空运输密切相关的二级服务行业是可以进一步开放的部门。我国目前在民航业计算机订座系统领域依然存在大量机制性的进入壁垒，2012 年颁布的《外国航空运输企业在中国境内指定的销售代理直接进入和使用外国计算机订座系统许可管理暂行规定》试图打破市场垄断，但相关政策依然难以落地。比如，目前关于计算机订座系统行程单打印系统的认证和授权制度，以及与国内旅行社签订的长期排他性协议，实际上阻止了国际计算机订座系统提供商进入中国民航业计算机订座系统市场的外航航段业务。在不影响航空运输安全的条件下，开放航空外围服务市场有利于引入适度竞争，提高民用航空服务质量，是我国航空运输服务业下一步开放的重点。

4. 医疗服务业

目前，外资进入中国建立医疗机构通常采用三种形式：合作经营医疗机构、参股建设新的医疗设施、参股现有的医疗机构。加快医疗服务开放的步伐意味着外资加快流入，医疗服务市场的服务主体将呈现出多元化的趋势。对于原有的服务主体而言，外资的进入必然会提高市场竞争的程度，对国内医疗机构造成竞争压力。然而，意义更为重要的是医疗市场开放会带来新的服务思想和先进技术，促进国内医疗服务机构不断自我提高和改善，提高医疗服务水平。此外，医疗服务系统可以利用国内国际资源，弥补我国医疗资源不足的现状，提供更加多元化和多层次化的医疗服务，更好地满足人民群众对医疗服务消费的需求。

第四节　上海自贸区服务业开放关键点：理顺自贸区
内外服务业开放的关系

上海自贸区建立潜在的风险是园区内外的双轨制，主要的难点是区内区外的政策配套以及各部门之间的协调统一。目前，自贸区提出"放开一线，管住二线"。所谓"放开一线"就是区内跟境外一线开放，服务和货物可以自由进出。"管住二线"就是把区内与区外之间的渠道管住，对于货物而言比较容易，对于服务则难度非常大。例如对冲资金一旦自由地进入自贸区，必然会通过各种渠道进入我国市场，对我国的宏观经济造成冲击。此外，双轨制可能产生不公平竞争，容易导致市场扭曲与资源错配。上海自由贸易试验区的开放政策带来的政策洼地效应和开放宣传效应使其吸附资金和项目的能力骤然增加，这可能对其他地区造成竞争上的不公平。而区内区外的双轨制主要体现在《中国（上海）自由贸易试验区总体方案》中提出的"对外商投资试行准入前国民待遇，研究制订试验区外商投资与国民待遇等不符的负面清单，改革外商投资管理模式"。

（一）美国 2012 年双边投资协定范本

建立上海自贸区的一个重要作用是应对中美双边投资协定范本（BIT），美国的 BIT 范本实际上并不仅仅是一个单纯的投资保护协定范本，而是兼具投资开放协议范本的功能。美国的 BIT 范本，虽然冠以"双边"的字样，作为美国对外投资谈判的蓝本，不仅适用于投资保护协议，也适用于投资开放协议；不仅适用于双边协议，也适用于区域协定，甚至适用于多边协议。北美自由贸易区协议第 11 章和经合组织的多边投资协议的许多规定，都来源于美国的 BIT 范本。BIT 范本之所以能够起到指导投资开放的作用，源自三个条款的相互作用。首先是在第一条中规定了非常宽泛的投资定义。其次是在第三条中规定了在建立阶段的国民待遇。最后是根据第十四条规定不实施国民待遇和最惠国待遇的例外。这三个规定组合在一起等同于原则上对外资开放，即以否定清单规定例外的方式对宽口径的外资实行准入前国民待遇。

从当前国际投资体制的发展趋势来看，准入前国民待遇已经被越来越多的国家所接纳。在亚太地区，据不完全统计，至少有 26 个自贸区协定中的投资条款包含准入前国民待遇。日韩两国在 2002 年签订的双边投资协定就包含了以否定清单为基础的准入前国民待遇条款，此后在其签订的双边投资协定与区域自由贸易协定中多次使用这类条款。一般来说，基于"否定清单"开放的效果要优于"肯定清单"。包括美国在内的发达国家在国际贸易和国际投资谈判中普遍采取"准入前国民待遇"和"负面清单"开放模式。

（二）服务业"负面清单"和"准入前国民待遇"的内涵

全面的准入前国民待遇是指除通过"负面清单"方式来保护的某些产业和活动外，在准入阶段给予外国投资者国民待遇原则所承诺的待遇。而所谓负面清单，相当于投资领域的"敏感区"，列明了企业不能投资或限制投资的领域和产业。学术上的说法是，凡是针对外资的与国民待遇、最惠国待遇不符的管理措施，或业绩要求、高管要求等方面的管理限制措施，均以清单方式列明。对负面清单之外的领域，按照内外资一致原则，将外商投资项目由核准制改为备案制，将外商投资企业合同章程审批改为备案管理。在《服务贸易总协定》中，利用正面清单来确定覆盖的领域，而负面清单则用来圈定在这些开放领域清单上，有关市场准入和国民待遇问题的限制。负面清单和准入前国民待遇的最大优点是能够充分调动外国企业投资的积极性，通过提供高效透明的行政服务激发投资者的热情。"负面清单管理"暗含着一个假定，如果清单太长就意味着开放领域过小，这是对政府的一种无形压力。

准入前国民待遇和负面清单的外资管理模式已逐渐成为国际投资规则发展的新趋势，世界上至少有 77 个国家采用了此种模式。在第五轮中美战略经济对话中，我国同意以准入前国民待遇和负面清单为基础与美方进行投资协定实质性谈判，而上海自贸区实际上是为我国由正面清单向负面清单管理模式转变提供的试验田。从我国的实际情况来看，现行的外商投资管理体制建立于改革开放初期，基于"外资三法"的合同章程审批制度运行了三十多年，对于我国吸收外资持续健康发展发挥了重大作用。但是随着我国经济、社会、法制环境的变化以及国际投资格局、规则的变化，这套体制也出现了一些与进一步扩大改革开放不完全适应的地方。而引入准入前国民待遇和负面清单管理模式则体现出自贸区的改革重点已经不再是政策优惠，而是制度创新，通过改革体现政府在管理方法和行政手段上的变化，从而让市场和企业发挥更大的作用。《外商投资产业指导目录》这种事前管理和层层审批管理模式减少了外商投资企业在行业准入、法律适用等方面出现错误的概率，但造成行政效率低下的缺陷。

在主要的双边 FTA 中，各国会利用负面清单在服务贸易、投资和金融领域做出不同程度的安排，在服务贸易领域，负面清单往往会引入对本地市场份额的要求，在投资领域则会对业绩有要求，并对高管和董事会成员的国籍做出限制。主要发达国家会选择金融服务、航运服务、商贸服务、专业服务、文化服务以及社会服务领域，扩大对外开放，营造有利于各类投资者平等准入的市场环境。我国在上海自贸区范围内采用负面清单和准入前国民待遇的目标包括鼓励跨国公司设立亚太地区总部和营运中心，深化国际贸易结算中心、跨境电子商务服务等改革试点，推动服务外包业务发展，探索形成具有国际竞争力的航运发展制度和运作模式等。

（三）美国服务业"负面清单"的内容和制定原则

我国在由正面清单向负面清单转换的过程中，关键一点是制定负面清单的指导性原则。也就是说，符合什么条件的行业应该被限制投资，符合什么条件的行业应该被禁止投资。根据美国同澳大利亚、韩国等主要贸易伙伴达成的 FTA 协议和投资协定可以看出美

国在负面清单上体现出的产业保护政策。表 3-4 列出美国与澳大利亚等国达成的 FTA 协议

表 3-4　美国与澳大利亚等国达成的 FTA 协议

	美国-澳大利亚 FTA 协定	美国-巴林 FTA 协定	美国-新加坡 FTA 协定	美国-智利 FTA 协定	美国-韩国 FTA 协定
能源服务业	禁止		禁止	禁止	禁止
商业服务业	准入，但对于合作方式有要求，每个行业有自己的标准	准入，但国外企业必须要通过资格申请，成为受到保护的成员	准入，但国外企业必须要通过资格申请，成为受到保护的成员	准入，但国外企业必须要通过资格申请，成为受到保护的成员	准入，但国外企业必须要通过资格申请，成为受到保护的成员
航空运输业	仅美国公民可以运营国内航空业务，非美国公民要向美国航空运输部门提出申请，得到航空运输部门的批准方可运营	准入，但非美国公民要向美国航空运输部门提出申请，得到批准方可运营	准入，但非美国公民要向美国航空运输部门提出申请，得到批准方可运营	准入，但非美国公民要向美国航空运输部门提出申请，得到批准方可运营	准入，但非美国公民要向美国航空运输部门提出申请，得到批准方可运营
海运服务业	准入，但美国拥有保留对本国国内海洋运输服务及悬挂美国国旗的船只采取限制的权力	准入，但美国拥有保留对本国国内海洋运输服务及悬挂美国国旗的船只采取限制的权力	准入，但美国拥有保留对本国国内海洋运输服务及悬挂美国国旗的船只采取限制的权力	准入，但美国拥有保留对本国国内海洋运输服务及悬挂美国国旗的船只采取限制的权力	准入，但美国拥有保留对本国国内海洋运输服务及悬挂美国国旗的船只采取限制的权力
海关代理服务业	只有取得执照的美国公民才可以从事该项服务	只有取得执照的美国公民才可以从事该项服务	只有取得执照的美国公民才可以从事该项服务	只有取得执照的美国公民才可以从事该项服务	只有取得执照的美国公民才可以从事该项服务
广播电视业	准入，但美国有权力对执照的所有权进行限制	准入，但美国有权力对执照的所有权进行限制	准入，但美国有权力对执照的所有权进行限制	准入，但美国有权力对执照的所有权进行限制	准入，但美国有权力对执照的所有权进行限制
专利服务业	准入，但必须要获得美国专利商标局的许可。	准入，但必须要获得美国专利商标局的许可	准入，但必须要获得美国专利商标局的许可	准入，但必须要获得美国专利商标局的许可	准入，但必须要获得美国专利商标局的许可
社会服务业	准入，但是必须遵守美国国内的部门法律	准入，但是必须遵守美国国内的部门法律	准入，但是必须遵守美国国内的部门法律	准入，但是必须遵守美国国内的部门法律	准入，但是必须遵守美国国内的部门法律

（四）我国制定"负面清单"可以遵循的原则

1. 原则一：循序渐进、逐步开放

我国对外资的管理措施长期以来比较繁杂，在实践当中第一次使用负面清单管理模式对外资的准入进行管理，在过渡阶段可能会遇到很多新的问题和矛盾，特别是相关政策的配套可能还比较滞后。这为下一步的改革提供了空间，我们要从试验的角度制定负面清单。而探索这种管理模式的方法应当是渐进式的，负面清单由长逐步变短。在"外资三法"暂停的三年内，自贸区开放有一个循序渐进的过程，需要不断地扩大开放，推进改革的进程。通过三年的探索和试验，负面清单也会经历一个不断完善的过程。在美国 - 新加坡 FTA 协定中，虽然美国提出了较短的负面清单，新加坡在协议框架内制定的负面清单依然较长，所保护的行业范围也大于美国，这种逐步开放的负面清单制定方式是我国未来可以借鉴的。

2. 原则二：明晰对"国民"的定义

明确对"国民"做出定义是实施"准入前国民待遇"的前提条件，才能将"国民待遇"给予正确的客体，这不但是确立市场游戏规则的第一步，更是准确理解"准入前国民待遇"的关键。实际上，美国通过对"国民"做出细致明确的定义，一方面大大缩短了负面清单，体现出高超的谈判水平；另一方面确立了市场竞争规则，特别是明确了可以享有"国民待遇"的对象。在美国 - 新加坡 FTA 协定中，美国通过对"国民"进行如下定义来限制提供航空运输服务的国民待遇条件：（1）作为美国公民的自然人；

或（2）合伙人企业，并且每一位合伙人都是美国公民；或（3）美国公司，并且美国公民持股比例不低于三分之二。

3. 原则三：负面清单体现的服务业开放程度应与监管水平保持同步

我国目前经济结构正处于转型期，政府监管和调控能力都有待提高，而以负面清单方式做出准入前国民待遇承诺固化资本开放承诺，存在着一定的风险。而变审批制为备案制对上海自贸区的监管水平提出了新的要求，备案管理是按照深化行政管理体制改革要求，简化备案程序，做到统一受理，分工协作，并联备案，同时注重风险控制，与国家安全审查机制进行有效衔接。因此，商务部部长高虎城指出，要通过国家安全审查制度、反垄断审查、金融审慎监督、城市布局规划、环境和生态保护要求、劳动者权益保护、技术标准等手段构筑全面的风险防御体系。

对事中事后监管对于我国政府来说还处于学习阶段，国际上一些比较成熟的做法包括：第一，建立信息共享平台，区内企业的相关信息都可以在平台上汇集、共享，特别是自贸区将开展跨境电子商务试点，监管方法的创新非常重要；第二，建立综合执法体系，形成综合执法的格局；第三，建立综合评估机制，全方位评估措施效果；第四，建立反垄断和安全审查机制。

4. 原则四：涉及意识形态领域的行业谨慎开放

根据发达国家负面清单的经验，涉及意识形态领域的行业需要谨慎开放。对我国而言，与意识形态领域密切相关的领域包括广播电视、互联网相关服务、教育服务等。这些行业的开放需要慎重，在实际操作中则可以通过部门设置技术条件和登记制度来限制开放，对广播电视业可以由广电部门采用执照所有权措施，互联网相关服务可以由工信部门采取技术标准措施，而教育服务可由教育部门采取课程设置登记制度。对意识领域的开放虽然应该谨慎，但并不意味着就此裹足不前，我国的广播电视、互联网相关服务和教育行业都是高度垄断的，缺乏竞争导致效率和服务水平低下，资源的扭曲提高了社会成本和寻租风险。打破垄断需要实行开放，这种开放是对内和对外的同步开放，这种开放是在有效监管下的开放，这种开放不但可以提高上述行业的供给能力和服务质量，还可以不断推进我国在相关领域事后监管的业务水平。

5. 原则五：涉及国计民生的行业有限开放

出于国家经济安全的考虑，涉及国计民生的行业应该有限开放，确保国有经济在行业中的份额。对我国而言，关系国计民生的服务行业包括房地产、敏感领域的科研服务、水利建设服务等。这些行业的开放需要一定的程度的限制来保证国有经济占比，在实际操作中主要可以通过在"国民"中限定投资比例，再逐步减少外资比例限制，从而实现逐步开放的方式来进行。在取消投资比例限制后可以通过适当的方式保持对这些行业的监管，比如牌照管理。

6. 原则六：涉及国防安全的行业禁止开放

禁止投资涉及国防安全的行业是各国制定负面清单时的普遍惯例，美国2012年BIT范本中涉及国家安全的第十八条有一个"自裁定"条款：缔约方有权采取其认为必要的措施来维护和平和安全利益，什么样的措施是必要的则由采取措施一方自己决定。涉及我国国防安全的服务行业包括航空运输、部分信息技术服务、部分专业测绘服务等，这些行业的保护可以采取直接禁止的方式，这也是国际通行的管理模式。

第五节 上海自贸区服务业开放战略措施

（一）"负面清单"和"准入前国民待遇"对上海自贸区的挑战

首先，要准确理解"准入前国民待遇"。如果说建立上海自贸区是我国改革外商投资管理体制工作所迈出的实质性一步，那么，制度改革的关键在于理顺"准入前国民待遇"所涉及的工作重点，为内外资竞争搭建公平和透明的平台。目前，国内外对国民待遇的理解并不相同，国内一个普遍的观点是"准入前国民待遇"就是减少外资审批手续，这与国际标准相差甚远。"准入前国民待遇"的关键点在于企业在建立和运营之前就以本国投资者来对待，而"本国投资者"在发达国家进入一个服务行业的壁垒要小于我国，也就是说，我国目前对内还没有实现有效开放，私人资本投资服务业的自由化和便利化远低于发达国家。因此，"准入前国民待遇"不能等同于商事改革，上海自贸区要着重推进对内对外全方位开放，促进开放条件下竞争规则的建立和完善。

其次，尽快提高负面清单制定技巧。第一，在美国 BIT 范本非常宽泛的投资定义下，随时可能出现新产业以及新的投资和金融创新，如果事先没有列入否负面清单，一旦承诺，今后很有可能出现监管漏洞，为此，要提升负面清单的制定技巧，避免此类风险。第二，对于国内行业标准和行业规制能够限制外资进入的优势行业，就不必出现在负面清单列表中。第三，需要适度保护的重点行业可以采用间接措施，比如行业技术条例等，以此缩短负面清单的长度。

最后，尽快推动政府职能转变和行政管理能力提升。我国的开放必须要与国内的配套改革结合在一起才能产生实效。"准入前国民待遇"和"负面清单"开放模式要求政府最大限度地放弃审批职能、强化服务和运行监测职能。在我国服务业发展水平相对落后，各行业部门法律法规和技术标准还不够健全的条件下，上海自贸区行政当局如何"放开一线，管住二线"，如何变事前审批为事后监管，这对政府发展经济、管理经济的极大考验。

（二）上海自贸区服务业进一步开放的措施建议

1. 坚持对内对外统一开放

实现对内开放是建立国际化"国民待遇"的重要前提，只有通过对内开放才能在市场化竞争中积累经验，逐步建立市场化竞争规则，并进一步向外资提供"准入前国民待遇"的各种体制保障。但相比服务业的对外开放，我国服务业对内开放一直以来比较薄弱。而服务业开放不能为开放而开放，最终目的是提升本国服务产业的国际竞争力。因此，服务业进一步开放应始终坚持对外对内统一开放，即要按照《国务院关于加快发展服务业若干意见》（国发〔2007〕7号）所规定的"凡是法律法规没有命令禁入的服务业领域，都要向社会资本开放；凡是向外资开放的领域、都要向内资开放"原则处理。而上海自贸区作为新一轮服务业开放的试验区和排头兵更应该坚持对内对外统一开放的原则，让民营企业能和外资站在同一起跑线上，公平竞争，培育本国企业主体。

2. 通过自贸区实现服务业开放的"条块结合"

从服务产品的要素构成来看：知识、技术等可变要素在最终服务产品中所占的比重上升，而资本、自然资源等固定要素的比重不断下降。这一特点使服务产品本身相对于实物产品具有更高的技术外溢性（R. Jeffrey，2006）。从服务的生产过程来看：生产与消费是同时发生的，但由于服务产品本身的无形性以及传输技术的不断发展，服务的生产与消费在时间与空间上逐渐可以分离。因此，不同于制造业，服务业开放的产业和区域关联性更强，比如物流、运输等行业。28 平方公里的范围在服务业开放试点上显然是不够的，部分重点行业试验一旦成功，必须立刻向浦东新区、上海市区、长三角地区、长江流域等更大范围扩展。在区内经济整体被限制在自贸区范围内的条件下，迅速形成某些行业突破自贸区物理维度限制，与其他地区和行业联动发展的"条块结合"新模式。

3. 进一步放宽自然人流动限制

加入世贸组织的承诺中，我国对于四种服务贸易提供模式的承诺存在差异，在市场准入方面，境外消费承诺最高；跨境交付其次；而对于商业存在和自然人流动均有严格的限制和管理。国民待遇也一样，只是境外消费和跨境支付承诺情况高于市场准入；同时商业存在方面也比市场准入要放宽很多；但是对自然人流动依旧保留了严格限制。上海自贸区的建立从某种意义上来说，是打破商业存在限制的一种尝试和努力，相应的配套措施中非常关键的一条是进一步放宽对自然人流动的限制。其他主要自由贸易区的发展经验表明，自然人流动不但有利于服务业发展，更有利于整体经济的活力。比如，目前有超过120个国家的各个层次的居民在迪拜生活和工作，他们为迪拜经济发展做出了重要贡献。上海在国际化大都市的发展过程中还要以自贸区为突破口，进一步扩大自然人流动的范围，减少相关限制，为经济发展提供智力支持和保障。

4. 及时总结上海自贸区实践经验，提升我国在贸易和投资协定谈判中的协商水平

当前，我国参与多边、区域和双边谈判中的出价与要价存在盲目问题，对我国服务业国际竞争力、开放承受力度和发展潜力认识不清，对我国政府在服务业运行过程中的监管能力和水平认识不够，导致我国难以在协议开放中确定最优化的要价和出价安排。通过建立上海自贸区，对协议开放中尚未触及的行业和领域先行开放，开展"准入前国民待遇"和"负面清单"等方面的开放试验，对我国竞争力不足的敏感行业先行开放，积累服务业开放的监管手段和经验，可以为今后通过多边、区域或双边谈判，进行更具约束性的开放创造条件，使我国在今后的协议开放中更具主动性，做到有关开放承诺对国内产业发展的影响及行政体制的改革心中有数，不致盲目开放。对于 FTZ 等自主开放中试验成功的做法应通过 FTA 等协议开放推广到全国，并换取对方国家的对等开放。对于 FTZ 等自主开放中试验不成功的做法，应在 FTA 等协议谈判中避免触及，坚守我国核心经济利益。

（三）上海自贸区服务业进一步开放可以重点突破的行业

上海自贸区改革是管理模式和开放途径的创新，对服务业开放

意义重大，特别是以往难以实现实质性进展的关键性服务行业，上海自贸区无疑是一块宝贵的试验田，利用这一平台可以在未来实现重点突破的服务行业包括以下几个方面。

1. 运输服务业

长期以来，上海在国际航运中心的建设上，虽然货物吞吐量较高，但与世界著名的国际航运中心相比仍有不小差距。尤其是在航运服务领域，如船务经纪、船舶分级与登记、船舶融资和租赁、海上保险、船舶交易、海事仲裁等方面。根据上海市《加快国际航运中心建设"十二五"规划》，到 2015 年，上海要形成国际航运中心核心功能，实现航运要素和资源集聚：港口、机场吞吐量继续位居世界前列，航运服务体系基本建成，国际航运综合试验区建设取得新突破。而自贸区总体方案指出，要提升国际航运服务能级。积极发展航运金融、国际船舶运输、管理和国际航运经纪等产业，推动中转集拼业务发展，先行先试外贸进出口集装箱在国内沿海港口和上海港之间的沿海捎带业务。

随着自贸区的建立，上海建设国际航运中心的目标将显著加快推进。相关配套服务业需求的增长，将使新业态的、更高层次的物流管理服务水平显著提升，有利于企业的发展壮大。但国外优秀的跨国物流服务商也将充分与国内物流企业竞争，目前国内物流企业全球化服务的能力相对较弱，物流企业将面临巨大挑战。物流业面临的挑战可以通过"条块结合"的方式打破自贸区的地理限制，通过长江经济带的支持将挑战转化为机遇。上海港能保持全球最大的集装箱海港地位，主要是靠长江经济带的支撑。上海自贸区将是中国最大的物流特区，其发展会直接影响长江经济带的物流业发展。注册在上海自贸区内的物流企业可以突破物理维度的限制，将提供服务的范围扩大到长江流域，甚至是整个内陆流域。如果将上海港的区位、人才和资金优势与长江经济带的内陆运输网络相结合，则可以助推我国物流业快速发展。

2. 电信业

在基础服务方面，2013 年 5 月，工信部针对国内私营企业参与电信转售业务试点方案发布了最终细则。这些细则提议，在为期两年的试点方案中，应允许国内私营企业在中国开展移动虚拟网络运营商服务。这些细则还允许在境外股市上市的国内公司参与试点方案。但外资企业仍被禁止直接参与试点方案。实际上，过去 10 年间，我国基础电信市场仍然由国内运营商主导，而未向国际运营商开放。一方面，应该尽快评估国内运营商的国际竞争力，适度保护不可能是无限期的；另一方面，长期的垄断不利于产业发展和企业竞争力的提升。因此，可以利用建立上海自贸区的有利契机，加快制定安全可控的移动虚拟网络运营商政策，以便有更多运营商可以在国内市场提供移动服务。

在增值电信业务方面，我国自加入 WTO 以来，在开放电信业务方面始终保持谨慎态度，信息与通信技术领域的外资企业对增值服务市场的市场准入受到限制。增值服务许可证的申请流程较为复杂，而且地方具体做法受到许多法规的限制：比如外国企业只能以设置合资公司的方式进入增值电信业务，且持股比例不能超过49％。利用此次自贸区的改革，在一定范围内扩大外国企业在增值电信企业的开放程度，扩展增值服务目录的覆盖范围，在监管能力充分的条件下，允许在出现新技术时向该目录添加新服务，允许外国企业在自贸区内设置增值电信企业，经营全国性的一些增值电信业务，通过让外资进入市场可以为国内市场带来更好的、动态的信息与通信技术解决方案。鼓励通过内外企业的合作关系，接触前沿的技术，并与国际市场参与者建立合作关系，从而实现业务的全球扩张。

3. 航空运输服务业

上海作为国际化金融贸易中心，自身所具有的区位优势和地缘优势为其发展民用航空运输业提供了重要的条件，世界各主要自由贸易区无不同时成为航空运输周转中心。上海可以利用自贸区所提供的发展空间，积极推动国际航空港建设，实现民用航空运输业的跨越式发展，跻身以新加坡、迪拜等国家引领的世界级航空枢纽的行列。虽然航空运输服务本身是发达国家重点限制或者禁止开放的行业，但上海可以通过突破外围的民航业计算机订座系统业务推动民用航空服务的开放。在部门配套措施的基础上，比如增加中国空域的入口点和出口点，通过民用空域和军用空域的灵活共用，扩大民用航空的可用航路网络等，通过在机场、终端和订票系统费用上，对所有国内和外国航空公司一视同仁，构建公平、透明的竞争环境，建立国内外民航运输串联网络，着力推动上海成为国际化民航运输中转港。

4. 教育服务

我国长期以来对教育行业的开放持保守态度，自由贸易区留给教育投资的空间短期内会比较狭窄。近年来，有不少教育人士呼吁设立教改特区，教育改革走在全国前列的上海，如果能发挥好自由贸易区的作用，打破教育开放的诸多限制，在中外合作模式之外探索直接办分校模式，将是对教育改革十分重大的突破，会加深我国高等教育融入世界高等教育竞争的程度，推动我国教育的市场竞争机制建设。但由于教育服务是涉及意识形态领域的敏感行业，其开放过程必将在探索中逐步前行，而自贸区的建立暂时对我国现有教育行业格局不会产生重大影响。上海可以利用自贸区建立的契机，以合作办学为突破口，打破教育服务市场的垄断，将试验成功的办学模式尽快向全国推广，增加高水平教育服务资源的供给。这不但可以提高人民群众的教育福利水平，更可以化解教育资源区域分布不均的矛盾，对解决区域发展失衡将会发挥重要作用。对教育行业的监管问题则可以采取部门设置课程牌照的方式，在改革的开始阶段对学校的教学体系提出标准化的要求，满足要求的外资可以进入并逐步扩大办学范围，在逐步将牌照管理转化为时候审查管理的模式。

5. 医疗服务

加快医疗服务开放的步伐意味着外资加快流入，医疗服务市场的服务主体将呈现出多元化的趋势。医疗市场开放会带来新的服务思想和先进技术，促进国内医疗服务机构不断自我提高和改善，提高医疗服务水平。可以说，自贸区为中国医疗机构多元化体系的建设提供了新的机遇，关键在于以自贸区为突破口，迅速将外资医院的运营模式尽快向全国推广，建立医疗市场的透明政策环境。医疗服务业不涉及意识形态领域，竞争的引入有利于利用国内国际资源，弥补我国医疗资源不足的现状，提供更加多元化和多层次化的医疗服务，更好地满足人民群众对医疗服务消费的需求。因此，对医疗服务领域的限制应逐步放开，降低持股比例限制。而由于医疗行业的高技术和专业属性，必须由医疗管理部门设置统一、透明的技术水平标准，对符合技术要求的内外资医院一视同仁，统一监管。

6. 零售业

自贸区在服务贸易和投资领域的全面开放，区域经济活力增强，商旅活动将更加频繁，也将带动区域零售及住宿、餐饮和购物等旅游相关产业的发展。自贸区将驱动上海加快拓展免退税市场。若接下来上海自贸区扩大范围至全市，则区域零售行业有望直接受益。区域内税收优势将使商品价格具备竞争优势，有助拉动区域内商品销售，来沪消费人数和规模有望增加，为内外资零售业企业提供更广阔的竞争空间。

总而言之，上海自贸区对我国服务业开放意义深远，特别是在创新服务业准入制度，制定负面清单，实施安全审查，建立事中、事后监管为重点的综合监管新体制，创新贸易、金融等特殊监管制度等方面会起到示范效应。开放促进改革是意义深远的战略举措，不仅会带来巨大开放红利，也将带来巨大的制度红利。

中国（上海）自由贸易试验区金融
改革分析和建议

2013 年 9 月 27 日，国务院印发《关于中国（上海）自由贸易试验区总体方案的通知》（国发〔2013〕3 号文）（以下简称《方案》）。同月 29 日上海自贸区正式挂牌成立，多项政策细则出台，这标志着上海自贸区建设已经成为在新形势下一项重要的推进改革的重大举措和国家战略。设立上海自贸区是党中央、国务院做出的重大决策，是深入贯彻党的十八大精神的具体体现。上海自贸区建设主要由上海市人民政府精心组织，在区内探索建立准入前国民待遇和负面清单管理模式，深化行政制度改革，加快转变政府职能，全面提升事中、事后监管水平。上海自贸区的主要任务包括扩大服务业开放、推动金融创新、建设具有国际水准的投资贸易便利化、监管高效便捷以及法律环境规范的自由贸易试验区。此外，上海自贸区还担负着构建推进改革和提升开放型经济水平的"试验田"的使命，并且要具有可复制、可推广的全国辐射效应，需要起到示范带动、服务全国的积极作用。上海自贸区是国家开放战略的一部分，它注定是一个系统性、多层面的工程，不仅将影响区域发展，还注定将推动我国与其他国家之间合作的深入。

第一节　上海金融中心建设及浦东金融创新回顾

2009 年 4 月，国务院颁布了《关于推进上海加快发展现代服务业和先进制造业建设国际金融中心和国际航运中心的意见》（以下简称《意见》）。此外，根据"十二五规划纲要"和国务院《意见》和《上海市国民经济和社会发展第十二个五年规划纲要》，上海已制定力争到 2015 年基本确立上海的全球性人民币产品创新、交易、定价和清算中心地位，并到 2020 年"基本建成与我国经济实力以及人民币国际地位相适应的国际金融中心的战略目标"。近几年中，上海（尤其是浦东）按照"一个核心（以金融市场体系建设为核心）、两个重点（以优化环境和先行先试为重点）"的指导方针，不断扩展区内金融集聚能力，改善营造区内金融生态环境，整合区内区外要素资源，搭建金融平台，促进区域服务便利化和产业升级联合联动。以上这些努力都为上海成为中央首个指定的"自贸区试验区"奠定了坚实的基础和具备相比其他兄弟城市和地区更雄厚的软硬件优势，再次充当改革的排头兵。

（一）确立了正确的思路以及务实的自身定位，理顺了国家战略与上海金融发展的关系

上海是中央新一轮改革的桥头堡，因此，中央选择以上海自贸区作为中国改革以及上海改革的突破口绝非偶然，主要基于上海有以下三大优势：一是上海有较好的软硬件基础。上海开放型经济规模大，内外经济联系面广，国际化企业集聚度高，可以在一个比较

高的起点上进行试点，承受风险的能力也相对较强。上海自贸区由现有的四个海关特殊监管区组成，有良好的基础设施。该区域已吸引各类投资企业 12000 家，其中世界 500 强企业投资了 230 个项目，2012 年进出口贸易额为 1130 亿美元。二是上海有较为成熟的监管制度和管理经验。2009 年，上海市人民政府设立了综合保税区管理委员会，管理规范高效，有丰富的管理较高程度开放区域的经验，有助于下一步创新监管服务模式，促进各类要素的自由流动。三是有较好的区位优势。上海地处长三角，拥有先进的港口基础设施和高效的航运服务体系，以及便利的交通运输网络，区内拥有广阔的经济腹地优势，可以通过发挥辐射效应，带动更大范围、更广区域的开放开发。

过去 30 余年，上海能取得如此举世瞩目的成就主要来自 30 余年上海市政府以及下属政府机构长期坚持正确的发展思路以及准确的自身定位，并不断务实创新地开展政府工作。以金融领域为例，上海市政府（和浦东新区）始终立足国家战略，顺应时代的大趋势和方向，始终以"创新"和"先行先试"作为上海（和浦东）的工作重点，使金融改革的着力点放在服务上海和浦东的转型发展上，重点培育四大经济体（总部经济、平台经济、开放经济和创新经济）。

（二）具有完善的金融市场体系，市场规模不断提升

上海已形成多层次的金融市场体系，区内拥有上海证券交易所、上海期货交易所、中国金融期货交易所、上海股权托管交易中心等金融市场体系。金融市场运行机制改革成效显著，金融市场产品和工具不断丰富，金融市场规模快速增长。

（三）具有健全的金融机构体系，机构活力竞争力不断增强

上海金融机构集聚效应明显，区内金融机构门类齐全，且数量众多，目前已经初步建立起金融生态齐全的金融机构体系。截至2010 年末，各类金融机构资产总额 14 万亿元，机构总数达 1049家。截至 2013 年上半年，仅浦东新区就拥有银证保持牌类金融机构 766 家，其中银行类 232 家、证券类 304 家、保险类 230 家，各类股权投资及管理企业 1248 家，融资租赁公司 129 家，各类金融专业机构 647 家。

（四）金融发展环境不断优化，金融生态良性循环

上海金融业态的不断改善，使金融业态发展步入良性循环轨道，其结果是带来营商投资环境不断改善、产业升级步伐不断加快、新型贸易业态不断萌发。上海金融生态环境不断优化的现状可以由以下三个方面体现。

上海金融业内部实现良性循环。主要表现在金融开放程度不断提高，外资金融机构加速集聚，证券市场和规模金融投资者数量和投资额度不断增加。目前区内已开展了境外机构直接投资银行间债券市场试点，区内也实现了货币、外汇、金融等市场对外资金融机构的有序开放。此外，上海已成为境内机构稳步拓展海外业务和投资的平台和窗口，合格境内机构投资者数量和投资额度进一步增大。

金融配套服务功能不断完善。上海金融法制环境不断优化，金融审判庭、金融检察科、金融仲裁院相继成立。信用体系和支付体

系建设方面都取得突破进展。特别是支付清算基础设施不断完善，使上海总部金融效应的凝聚力不断增强。目前上海也已基本建立起专业服务金融体系，比如与金融相关的会计审计、法律服务、资产评估、信用评级、税务策划、投资咨询、服务外包等。此外，金融集聚区规划也初见成效，整个上海金融稳定工作机制也进一步健全。

人才高地的良性循环。一个地区金融业的发展说到底是人才的比拼，目前上海（以及浦东）不断发挥金融人才吸铁石的作用，区内已凝聚了一大批国际化高端金融人才和新兴金融领域人才。

第二节 上海及中国金融改革"瓶颈"浅析

（一）上海金融中心建设的发展"瓶颈"

在过去30年中，虽然上海取得了令人瞩目的金融改革成就，但上海与国际金融中心差距甚大，甚至也很难在亚洲占有绝对的优势地位。这虽然与国家现有货币以及资本管制制度等宏观层面的因素有关，但就区域内微观金融业态来看也存下以下问题，简单概括起来有以下几点。

1. 区内金融功能与贸易服务功能的不匹配

上海正处于国际贸易中心建设的关键时期，离岸贸易功能、国际购物功能、集成贸易平台功能等功能都面临突破，然而却受到若干金融功能的制约，且其中若干功能彼此间相互制衡、错综复杂。以人民币贸易结算试点为例，区内受到人民币国际化进程缓慢、人民币回流机制不健全等影响，区内贸易金融服务（以及消费）的便利化程度不高对贸易的支持和服务还远未与国际接轨。此外，上海的贸易结构性问题与金融中心的功能发挥存在瓶颈。上海在贸易规模上有优势，但在贸易结构和贸易资源方面控制能力不强，其结果导致上海在资金、保险、黄金、期货等市场的规模难以扩大，而这些市场升级缓慢又间接影响上海国际金融中心的建设。

2. 金融功能与航运服务功能的不匹配

将上海打造为国际航运中心是上海市政府为实现上海加快发展现代服务业和先进服务业的目标的重要战略着力点之一。航运业作为一种资金密集、投资回收期长及受宏（微）观经济政策、客观地理环境、贸易流向和自然气候条件影响极大的行业，行业生存环境极其复杂，生产经营存在诸多的不确定因素，因此，以上客观因素决定了海运业面临除一般行业所共有的风险外，还面临行业自身的诸多特有风险。而金融业的实质却是能够利用资金的时间和资产的错配效应，借助金融创新业务为航运业提供资金、助力发展及缓释（或转移）经营风险、融资风险和生产风险。因此，金融业对航运业的发展起着至关重要的作用。但是目前区内金融业与航运业之间服务业务功能不匹配的现象较为严重。主要表现在：一是船舶融资渠道不畅，融资缺口往往非常大。尽管目前船舶融资已突破银行贷款融资限制，着力发展其他类型融资方式，如试点建立的具备产业资本基金特性的基金管理企业，但其资金规模小，对于航运业这样的资金密集型行业来说是"杯水车薪"。二是国内银行提供给航运企业的融资业务模式单一，产品结构单一，无法满足航运企业的实际需要。国内的船舶融资渠道主要是利用银行实现的间接融资渠道，贷款是最主要的融资渠道，类型主要限于传统的担保和抵押贷款，一般极少提供"裸贷"。三是金融机构提供的融资业务专业化程度不高，运作效率较低、成本高。比如虽然一些中资银行成立了专门的船舶融资中心，但由于软硬件配合不足，这些中心的业务功能十分有限，金融服务供给流于表象。此外，以船舶贷款为例，其中的营销、受理、审批、管理手续复杂，信息化程度不够，未实质发挥出金融服务推动航运业发展的匹配作用。

3. 金融功能与总部经济发展的不匹配

上海总部能级不高，主要是以地区总部或亚太总部为主，全球性总部较少，其中这些区域性总部中，高盈利部门，如运营中心、结算中心也不在上海。总部经济凝聚力不足又反过来进一步抑制了金融中心的服务能级和水平提升。

4. 金融功能与战略性新兴产业发展的不匹配

战略性新兴产业本身与金融功能之间也存在着若干匹配问题。战略性新兴产业具有高科技含量、高资本投入、高投资风险、高收益回报、长盈利周期等特点，因此特别需要通过金融创新来拓展融资渠道和分散创新风险，尤其需要从依赖银行的间接融资渠道向利用资本市场、创业板市场、股权交易市场的直接融资过渡，甚至需要借力一些科技银行、创投资金、私募股权基金等新兴融资渠道来支持战略性新兴产业。而从战略性新兴产业对金融中心建设的影响来看：一方面，战略性新兴产业催生金融创新需求；另一方面，一些重要的战略性新兴产业的应用也能够提高金融服务的整体效率，如电子金融、互联网金融、大数据高端金融服务业等。然而从上海目前发展的实际情况来看，依然存在战略性新兴产业融资渠道过于狭窄的问题，尤其是资本市场的直接融资和新兴机构融资渠道进展缓慢，金融科技业发展也相对滞后。总而言之，战略性新兴产业还没有得到足够的金融支持，而战略性新兴产业也没有带动金融行业实现跨越式发展。

5. 金融功能与专业服务业发展的不匹配

国际金融中心建设是一项系统工程，靠单纯的金融市场体系、金融机构集聚和金融创新难以实现，其实现的过程必须是集聚大量专业服务业，进而予以支撑，最终更好地发挥金融中心的功能。这些功能包括咨询、会计、审计、法律、资信评级、金融咨询等。然而从上海发展的现实情况来看，这些产业发展都比较缓慢，企业规模普遍偏小，业务相对传统，人才结构不合理，在行业内缺乏知名度和品牌影响力，专业服务缺乏认可标准，无法适应高端金融服务功能的需求。

（二）国家金融制度发展瓶颈问题

上海金融建设中出现的若干改革问题并非上海仅有的问题，也是全国的问题。金融改革以及金融中心的建设是极度复杂的系统性工程，不能一蹴而就。从"十二五"规划来看，随着我国经济实力的不断增强，我国的金融体制改革与实体经济发展不匹配的矛盾不断凸显。虽然这种矛盾来自多方面，最主要的还在于外部因素，主要是美国以及欧洲等发达国家在过去5~6年经济发展不确定因素增加，或多或少打乱了中国金融体制改革的步伐。

而在"十二五"期间，"稳步推进利率市场化改革，完善以市场供求为基础的有管理的浮动汇率制度，改进外汇储备经营管理，逐步实现人民币资本项目可兑换……加快多层次资本市场体系建设，显著提高直接融资比重，积极发展债券市场，稳步发展场外交易市场和期货市场"等金融改革已被一再提上议程，且有些改革已刻不容缓。

上海自贸区的设立，担负着"促进贸易和投资便利化"的重任。因此，自贸区金融改革的着力点应在"急中央之所急，急上海之所急"，努力破解改革难题，充分认识建设上海自贸区对提升国家整体竞争力、增强可持续发展能力、维护金融安全与稳定有极其重要的战略意义。上海自贸区金融改革须站在国家整理利益的高度，统筹策划自贸区金融改革大战略，进一步完善推进机制，起到示范辐射的作用，还要可推广和复制，能够迅速高效地与区内区外（乃至全国）在未来3～5年内形成合力，推进改革。由此可见，上海自贸区将是一个重要的改革链接器（adaptor）、调制器（modulator），一个能实现上海与国家整体利益协调统一的改革加速器（accelerator）。

第三节　化解改革"瓶颈"：关于自贸区金融改革的定位思考

根据《方案》来看，上海自贸区的开放和"先行先试"主要涉及六大方面：金融服务领域、商贸服务领域、航运服务领域、专业服务领域、社会服务领域以及文化服务领域。金融改革是自贸区建设的重点之一，上海自贸区建设核心在于金融改革。需要注意的是，金融改革主要是要深化金融领域的开放创新。金融服务领域作为自贸区开放的六大领域之一，其与上海以及浦东自身的金融发展密切相关。

基本经济学原理——丁伯根原则阐述：在政府试图实现多目标的政策指引的情况下，目标和目标之间往往可能是相互矛盾的。而中央给自贸区建设的政策红利、自贸区的改革目标以及自贸区试图实现改革目标的路径三者（政策红利、改革目标以及实现路径）之间的关系都不相互矛盾，这充分说明了中央的高瞻远瞩和良苦用心。国务院颁布的《方案》、全国人大关于上海自贸区暂时调整有关法律规定的决定、上海市政府颁布的自贸区管理办法和负面清单，其实质都为未来自贸区金融改革指明了道路，明确了发展方向，驱散了改革中的迷雾。简单概括起来中央和上海市政府发布的几个重要文件为上海自贸区金融改革理顺了以下几个方面的发展思路问题。

（一）中央就上海自贸区金融改革完成了顶层设计

1. 负面清单管理模式是中国经济管理模式的一项重大变革

"负面清单"是国际上重要的投资准入制度，目前国际上有 70 多个国家采用"准入前国民待遇和负面清单"管理模式。在 2013 年 7 月举行的第五轮中美战略与经济对话上，中国同意以"准入前国民待遇和负面清单"为基础与美方进行投资协定谈判。目前全球投资规则谈判代替贸易规则谈判成为主流，双边和区域自由贸易协定谈判如 TPP、TTIP 以及 TiSA 等，已经取代 WTO（甚至有终结 WTO 的可能）成为全球投资规则重构的主要平台。这说明政府职能模式必须转型。实施负面清单制度管理是自贸区的最大特点之一。

2013 年 9 月 29 日，上海市政府公布了《中国（上海）自由贸易试验区外商投资准入特别管理措施（负面清单）（2013 年）》（以下简称负面清单），以外商投资法律法规、《中国（上海）自由贸易试验区总体方案》、《外商投资产业指导目录（2011 年修订)》等为依据，列明上海自贸区内对外商投资项目和设立外商投资企业采取的与国民待遇等不符的准入措施。负面清单按照《国民经济行业分类及代码》（2011 年版）分类编制，包括 18 个行业门类。S 公共管理、社会保障和社会组织、T 国际组织 2 个行业门类不适用负面清单。

2. 法律制度保障为自贸区探索负面清单管理助力

根据《方案》的精神，"转变政府职能，探索负面清单管理"放在上海自贸区建设目标的首位，显示出制度创新才是试验区的重心所在。要能够使上海自贸区放开手脚去探索"负面清单"管理模式，就必须给上海自贸区以足够的施展才华的空间，就必须打破一定的行政管辖藩篱。这就需要中央强化法制保障方面的表述，使上海自贸区的"负面清单管理"试验最终能够进行下去，而且还须保质保量地进行下去，最终形成"可复制、可推广的经验"向全国辐射。

8 月 30 日，人大常委会审议《关于授权国务院在中国（上海）自由贸易试验区暂时调整有关法律规定的行政审批的决定（草案）》。根据草案，在试验区内，对负面清单之外的外商投资暂时停止实施外资企业法、中外合资经营企业法、中外合作经营企业法

3 部法律的有关规定，暂时停止实施文物保护法的有关规定。

为与国家对接，上海市人大常委会出台专项决定，在自贸区内暂时调整实施部分地方性法规。上海市对有关地方性法规的规定予以调整，并且根据自贸区总方案的要求，制定了《中国（上海）自由贸易试验区管理办法》。

由此可以看出，我国从国家和地方两个层面为自贸区提供法制保障，明确了顶层设计方案。

（二）理顺政府边界与创新金融监管之间的关系

上海自贸区不同于以往任何一个"特区"是因为中央对上海自贸区有明确和清晰的顶层设计和蓝图规划，即在自贸区内积极探索"负面清单管理"模式，在法律制度上给予特殊的制度保障，因此自贸区金融监管改革的路径和战略思路也变得异常清晰。简而言之，上海自贸区内金融改革的抓手需要落实在利用制度保障做好"先行先试"，探索"负面清单模式"，进而不断探索金融监管方面的制度创新。

负面清单管理下将产生新型的金融监管模式，其结果是负面清单模式重新定义政府的行为方式，自然也需要政府重新审视自己的职能边界。在负面清单模式下，其实质是使传统金融监管模式从前端的审批模式向事中以及事后移动。负面清单模式下的金融监管实质是需要政府行政放权，做减法，划清自身政府边界，最终实现监管后移的过程。该过程就是一个政府从主导把控金融资源的"审批时代"向由市场主导的时代转移。此外，负面清单管理划分清楚了政府的边界，即政府不规定的营商行为即为可行之行为。在博弈论上被称作"先下手为强"（或叫"抢帽"）原则，政府占有了游戏规则制定的先发制人权，并首先限制了自己的行为权限。因此明确无误地向周围理性行为人传达信号，这将使理性行为人能充分利用全要素信息，形成政府所期望的理性预期，进而改善或改变自己的行为模式和策略。有研究表明在这样的机制设计下，政府和市场上的理性行为人之间彼此是激励相容的，只有在激励相容的市场上，各要素才能实现最优化配置，减少信息不对称，减少道德风险和逆向选择，进而减少金融交易摩擦，提高金融效率。因此，利用"负面清单"管理模式倒逼政府的管理边界后移，可以向市场理性人（尤其是跨国企业）释放明确的信号。单单从总部经济红利释放角度分析，就有理由相信，负面清单管理能吸引众多全球500强企业入驻上海自贸区，吸引他们在区内设立亚太区总部机构（如清结算中心、营运中心），带动区内总部经济效应发挥，释放更多的制度红利。

在这样的监管思路下，有理由相信在不远的未来，区内金融监管将实现与国外金融监管接轨，即取消金融牌照审批制，改为备案制，最终在区内终结审批制，逐步建立"以准入后监督为主，准入前负面清单管理为辅"的投资准入管理体制。此外，准入后的金融监管更关注事中以及事后监管。

（三）理顺上海自贸区金融改革与上海金融中心建设之间的关系

上海自贸区的特殊顶层设计以及基于负面清单的管理理念，能够更快、更高效地使国家金融政策在自贸区内落地。有理由相信，结果是，自贸区不光作为全国的金融试验田，还会扮演上海金融中心金融创新落地的"孵化器"的角色，即自贸区诞生金融创新，并能迅速与上海金融中心建设产生联动机制效应，进而迅速拓展到整个上海，最终辐射全国。因此，上海的《"十二五"时期上海国际金融中心建设规划》与《方案》之间的所有政策目标都不矛盾，且是兼容并蓄的，并且相互之间能够良性互动。

以上海金融中心的"总部经济"发展瓶颈问题为例。在当前银行主导的金融结构下，银行的集中度决定着其资金汇聚和辐射能力。长期以来，上海的总部经济的凝聚能力落后于北京，各大银行的总部一般都设立在北京而非上海，其结果直接导致上海的金融机构集聚能力不强，上海金融中心的总部经济效应始终无法在亚洲金融中心中"大放异彩"。上海自贸区成立后，自贸区有望提升上海对跨国公司总部落地的"磁吸效应"，进而提升中国在全球产业链中的竞争力。全球 500 强跨国企业总部和运营中心将陆续入驻上海自贸区，从而推动自贸区金融、贸易平台的形成，并进一步促发该区域贸易、产业、金融、人口和消费的升级，直接带动大上海的转口贸易、离岸贸易和离岸金融。尤其是离岸金融的建设将倒逼资本账户开放、利率市场化并能进一步完善人民币汇率形成机制。上海自贸区金融改革创新能与上海国际金融中心建设迅速形成联动合力。

（四）理顺上海自贸区金融发展定位与其他地区合作竞争的关系

上海金融中心建设一直以来都受到来自境内和境外的其他区域或地区的严峻挑战和激烈竞争。在境外主要包括中国香港以及新加坡，国内主要包括深圳前海、重庆两江新区、天津滨海新区、浙江温州、浙江丽水、珠海横琴以及福建泉州。而上海自贸区落地后，其他兄弟城市或地区也开始积极活动争取成为下一个自由贸易试验区。

但从《方案》来看，应该说，中央明确了上海自贸区对内以及对外的着力点。

对内，《方案》希望上海自贸区在成为"试验田"后，"形成可复制、可推广的经验，发挥示范带动，服务全国的作用"。在其他上海自贸区改革的领域（如文化服务领域），上海会担心在该领域实现改革突破后，随着其他兄弟地区的学习追赶，上海政策红利的边际效应迅速递减，从而在该领域失去领头养羊的地位。但是，金融行业具有行业的特殊性，因此可以在金融领域改革。因为根据金融理论，金融中心本来就有极强的路径依赖性，一旦某金融中心成为金融业态的领头羊，其形成的是磁铁效应，而其他地区只能附属在该中心周围。其他地区几乎没有超越"中心"的可能，除非因不可抗拒之外力（如大地震、战争使该中心在物理上消失或受到重创），或是因新的技术革命的诞生，使整个区域（乃至全球）金融生态实现大转型。因为上海作为全国金融中心的翘楚位置是其他兄弟城市或地区难以匹敌的，因此上海与其他境内地区或城市的关系更多的将会是：上海金融中心作为全国金融信息腹地，利用自贸区内的制度红利优势，长期扮演领头羊的角色，和谐稳健地带动其他地区共同发展。

对外，《方案》在上海自贸区金融改革部分中提到了人民币资本账户可自由兑换，透露了在自贸区内探索性开展"离岸金融业务"的思想（更多关于资本账户可自由兑换和离岸金融中心的讨论见政策建议部分）。而根据金融学理论，离岸金融中心一般分为四大类：第一类是如伦敦、中国香港这样的离岸金融中心，一般被称为"内外一体式"或称为"混合型离岸金融模式"。第二类是"内外分离式"，这种模式是一种人为设立的账户分离模式，目前纽约和东京主要采取这种模式，在这样的离岸中心模式下，主要交易对象是非居民。离岸中心金融机构筹资只能吸收外国居民、外国银行和公司的存款。以美国为例，任何美国的存款机构、公司和外国银行在美分行皆可申请开办。存款不受美国国内银行法规关于准备金比率和存款比率的限制。贷款必须在美国境外使用。离岸业务所经营的货币可以是境外货币，也可以是本国货币，但离岸业务和传统业务必须分别设立账户。在这种模式下，离岸金融的概念更多的是一个"交易"的概念，而非一个"地理"的概念。第三类是避税港型离岸金融中心，这些中心一般设在风景优美的海岛和港口，该区域一般无任何金融监管。第四类为渗漏分离型离岸金融市场，主要以新加坡为代表，其特点是在岸、离岸业务仍然分属两个账户，但允许资金在一定的限额内相互渗透，即居民可以投资于境外金融市场，离岸银行也可以将其离岸账户中的资金贷放给其国内企业。

而就现阶段上海的金融实力而言，"内外分离模式"是上海如果要建立离岸人民币中心的唯一可择项。而香港的人民币离岸中心走的是"混合型模式"，而新加坡是"渗透型模式"，上海却是"内外分离"模式。因此彼此之间也不是完全的相互蚕食的生存业态。可行的是上海应该和这些地区的金融中心建立风险管理联动机制，比如建立平稳风险基金，以及共同探索开发其他币种的离岸业务，比如亚洲美元市场等，让这些地区能够跳出"小我"的思维模式，在更广阔的空间和平台上构建富有建设性的"互利多赢"的、有大战略思想的区域金融以及经济合作模式。

（五）理顺金融效率与风险可控的关系

中国构建亚洲金融中心已筹划了多年，上海成为亚洲金融中心绝非一朝一夕能实现。但从中央以及上海市政府定的基调来看，金融改革部分首先提到的是"在风险可控前提下"的金融制度创新。审视2008年美国的金融危机，当时的次贷危机只是一个导火索，而深层次原因则在于美国虚拟经济的严重膨胀，使得虚拟经济和实体经济之间严重失衡，其结果是资产价格的泡沫化、国家产业的空心化，最终导致虚拟经济累积的系统性风险集中爆发。时任总理温家宝在2008年第七届亚欧首脑会议上阐述过虚拟经济与实体经济之间的关系，他指出一个国家需要始终重视实体经济的发展，使经济建立在坚实可靠的基础上，而虚拟经济则要与实体经济相协调，要让虚拟经济更好地为实体经济服务。因此，上海自贸区的金融创新不能盲目追求国际金融地位的排名，使区域内金融虚拟化、金融泡沫化、金融高杠杆化，更不能盲目进行金融创新改革。上海自贸区金融改革创新必须始终围绕国家战略，服务于上海和浦东的转型升级，着眼于满足市场主体需求，在这样的考量下利用自贸区作为金融试验田进行金融制度创新，完善金融服务功能，提高金融服务效率。因此，自贸区的金融改革不是盲目冒进式的改革，而是有层次、有梯度、有策略的金融战略试验性改革。

第四节　对上海自贸区金融改革的思考及政策建议

上海自由贸易试验区，是中国在改革开放新形势下，顺应全球经贸发展新趋势，实施更加积极主动对外开放战略的一项重大举措，重点任务是加快政府职能转变、探索管理模式创新、扩大服务业开放、深化金融领域开放创新。上海自贸区金融改革作为上海自贸区改革的一部分，自然要立足和服务于整体的自贸区改革目标。为实现深化金融领域开放创新的目的，需要通过加快金融制度创新和完善金融服务功能来实现。此外，还需要注重上海自贸区本身担负"全面深化改革和扩大开放探索新途径、积累新经验的重要使命"和"国家战略需要"的使命，因此上海自贸区的金融改革也需要彰显这两大使命的内涵及外延。基于以上考虑，上海自贸区的金融改革必须要有时代高度、国家战略高度以及体现上海的极强的国家责任感和政治觉悟，因此上海自贸区的金融创新改革必须敢于啃金融改革的"硬骨头"和解决"老问题"，敢于迎难而上，积极创新，而非只坐享改革红利、政策红利。具体而言可以从两个维度进行战略思考：一是国内金融问题；二是对外的金融改革问题（开放经济和金融问题）。

（一）自贸区应以解决国内金融改革瓶颈为己任

国内金融改革突破可以从两个角度思考，一个是金融业的内部改革，主要是利率市场化问题；另一个是金融促进产业和贸易发展的改革问题。

1. 上海自贸区应是"利率市场化"先行先试的试验田

自贸区最主要的功能是能够跟国际市场联通，如果利率不能完全自由浮动，可能会带来诸如套利交易等问题。目前我国金融体系封闭、缺乏创新，利率管制成为我国金融业的软肋。在上海自贸区，还需要通过利率工具识别企业来选择服务对象，倒逼我国金融机构转变融资服务模式。如果我国金融业不转变传统的借贷模式，就无法抓住新一轮全球变革的机会，也将永远无法参与全球化金融竞争。

我们给出的政策建议是：利率市场化改革可以分两步走。

第一步是允许在自贸区内实行完全竞争，即所有的金融机构（包括民营和外资机构），在机构注册和业务上与国有金融机构享有同等待遇，反过来说，就是取消对国有银行的优惠政策。中外资银行的同台竞争将促进利率市场化的实现。对中资银行来说，将直面外资银行的竞争以及国内民营银行的竞争，也就是说在引入机会的同时也面临挑战。

第二步是在区域内实现存款定价的市场化。目前我国已放开了银行的贷款定价，下一步是如何进一步实施存款市场定价的问题。可行的思路是在区内首先试行存款保险制度，在存款保险制度运行后，允许区内银行发行大额可转让定期存单（large denomination certificate of deposit，CD）。根据国际经验（如美国和日本），CD曾经成功扮演过辅助一国存款利率市场化转型的角色。简而言之，根据国际经验，CD以及类似的产品可以贡献银行资金来源的10%以上的流动性需求，甚至只需1~2次成功发行就可以显著改善一家银行的流动性。此外，CD不同的期限结构也有助于提升银行表内资产负债风险管理水平，提高负债的平均期限，缓解传统银行和影子银行普遍存在的"短借长贷"期限错配问题。

在上海自贸区首先开展 CD 试点，我们提出两点业务建议和一点金融监管建议。

业务建议一：针对 CD 开展配套的二级市场建设，因为这样会支持短期货币市场的形成。

业务建议二：允许自贸区内中小银行发行 CD，并尽量降低其发行成本，这会间接拓宽中小企业的融资渠道。

金融监管建议：放开 CD 市场前应该有完整的前瞻性金融监管和风控设计方案。可实行的操作方案是：在开发 CD 业务前，先颁布 CD 业务的负面清单，明令禁止扰乱市场的交易行为以及违反规定的惩罚措施。对于进行 CD 业务的金融机构实行动态抽样监管，如有金融机构恶意交易影响金融市场稳定，上海自贸区内的金融监管机构应实行与国外发达国家接轨的事后监管模式，按照负面清单，严惩不贷。

2. 上海自贸区是利用金融促进实体经济发展和战略转型的试验田

中国转变经济发展方式正处在关键阶段，所带来的市场潜力也是巨大的，自然也将带来新的增长点。上海自贸区启动的所有"先行先试"的金融改革的出发点都应该是发挥金融作为实体经济"润滑剂"的作用，优化要素的时间空间配置，减少资源在时间和空间上的错配，减少金融交易摩擦，提高金融市场要素配置的有效性。因此，上海自贸区必将给上海带来至少十年的制度红利，而上海自贸区的金融改革也将注定助力未来中国经济战略转型，推动中国经济健康持续发展。

（1）自贸区金融改革助力上海乃至全国产业升级和转型。

上海自贸区深化金融领域开放创新的目标之一是完善区域金融服务功能。金融服务功能的完善，将带动金融配套服务的升级和优化。金融配套服务的改善将直接为自贸区企业创造更多的投资便利，也等同于助力实体企业降低运营成本。自贸区建设必定催生大量金融服务需求，不同于银行在自贸区以外的经营机会。

我们建议上海自贸区在以下产业领域大胆"深挖"适应这些产业发展的金融服务功能。

自贸区建设带动航运业发展。上海国际航运中心的发展与航运金融市场息息相关。大力发展上海航运中心，是上海国际经济中心的四大目标之一。大力发展航运金融，应创新航运融资模式。在区内形成示范效应，进而构建服务全国的航运金融市场，并从区内向外推动区内金融机构发展。航运企业可以在区外设立专业性航运机构。此外，还可以在区内试点发布航运价格指数及尝试在区内发行航运金融衍生品。

自贸区金融业务创新助力国家重点产业。可行的思路是加强对战略性新兴企业、先进制造业企业和科技企业的信贷和金融服务支持，扩宽直接融资渠道，比如设立科技银行以及允许受国家政策支持和享受优惠的试点战略性新兴企业、先进制造业企业以及科技企业发行中长期高收益债券（junk bonds），并允许外资认购及转让，但要求认购主体持有年限必须超过 3 年（或更高）方可转让或交易。此外，发展高收益债券市场也可以为以后在区内试用信用风险缓释工具（CRM）培育土壤。

自贸区金融创新要围绕绿色朝阳行业。可行的思路是鼓励绿色信贷业务发展低碳金融，加强对节能环保、新能源等产业和合同能源管理服务的金融支持。为清洁发展机制（CDM）项目提供金融服务，探索发展诸如 CDM 预期收益权抵押、自愿减排交易市场以及研究设计基于碳排放权的期货、期权产品等创新金融产品。

适应产业整合升级与科技创新发展的需要。自贸区应开展新兴融资服务体系。比如成立专门的科技银行、股权投资基金、创业投资基金等，分别从资产端和负债端，丰富企业资金来源，引导资金投向，规范机构建设，吸取金融监管相关经验。

（2）自贸区金融改革助力创新服务贸易业态升级。

金融与贸易密切相关，发展自贸区必须搞好金融配套工作。对自贸区企业来说，一是经营便利，也就是允许其开展许多以前不能从事的业务；二是交易成本降低。贸易自由度的提高会对金融自由度提出更高要求，而金融自由度的提高又会促进贸易发展。

建议从以下两个方面进行贸易金融探索：第一，可考虑在自贸区内提供融资租赁、保理等服务。第二，可在自贸区内，为企业开辟更多方便通过套期保值等手段来规避风险的金融业务，比如，人民币出口买方信贷业务、人民币跨境互换业务等创新的贸易融资业务。

（3）自贸区金融改革创新完善大宗商品贸易定价机制。

"十二五"规划中已明确提出了要"深化资源性产品价格和要素市场改革。理顺煤、电、油、气、水、矿产等资源类产品价格关系，完善重要商品、服务、要素价格形成机制"。

而长期以来我国大宗商品期货交易市场与国际大宗商品期货市场一直处于相对割裂的环境中。以往一直未允许境外企业参与商品期货交易主要在于担心我国还不具备境外期货交易所在境内设立交割仓库的条件。但利用上海自贸区的特殊定位，针对大宗商品的贸易发展方式改革可以在自贸区落地。上海自由贸易区内的大宗商品交易应被视为离岸交易，所以在区内设立期货交割仓库，并不会影响国内期货交易、交割和定价体系，也不会对国内金融市场的稳定造成负面影响。上海自贸区建立交割仓库将在很大程度上替代韩国釜山和新加坡 LME 仓库，将有助于国内大宗商品买家节约交易和运输成本，也能够减少对国外仓库的依赖。可针对铜和钢在自贸区内设立国际商品和资源配置平台，从而积极开展这些品种的国际贸易。

（二）自贸区金融改革要成为我国金融开放的窗口和试验田

上海自贸区的金融改革应该在探索人民币资本账户开放方面做先行先试的制度尝试。此外，上海自贸区内的金融创新需要助力上海未来成为国际金融中心。上海自贸区还应成为中国参与全球金融治理和区域金融合作的窗口。

1. 资本账户开放与自贸区所扮演的角色

实现贸易投资便利首要的条件是资金的自由移动，在资金的移动中，为了控制汇率风险就需要实现货币兑换自由化，这也是自贸区必备的基础金融条件。因此资本账户与上海自贸区建设（尤其是自贸区金融战略规划）是绕不过去且必须认真仔细讨论和思考的问题。

（1）我国资本账户开放的现状。

"十二五"规划中明确提出了"完善以市场供求为基础的有管

理的浮动汇率制度，改进外汇储备经营管理，逐步实现人民币资本项目可兑换"。

按照国际货币基金组织2011年《汇兑安排与汇兑限制年报》，目前我国不可兑换项目有4项，占比为10%，主要是非居民参与国内货币市场、基金信托市场以及买卖金融衍生产品。部分可兑换项目有22项，占比为55%，主要集中在债券市场交易、股票市场交易、房地产交易和个人资本交易四大类上。基本可兑换项目有14项，占比为35%，主要集中在信贷工具交易、直接投资、直接投资清盘等方面。

2013年3月，李克强总理在大连举行的夏季达沃斯论坛（WEF）上也提到了"积极稳妥地推进利率、汇率的市场化"，"逐步推进人民币资本项下可兑换"。

此外，人民银行调统司司长盛松成在2013年9月5日的《金融时报》上发表观点，认为随着我国金融改革的不断推进，经济持续平稳较快增长，加快人民币账户开放的条件和时机逐步成熟。延误资本账户开放时机，将影响我国与新兴起的诸如TPP、TiSA这样的国际新标准、新规则的接轨，进而影响我国贸易自由化谈判，制约我国对外开放的进程。

在陆家嘴论坛上，上海市市长杨雄也表示，自由贸易区的确正在申请试点人民币资本项目下开放，而且这一改革方向不会因为短期的流动性变化、热钱流向的变化而变化。

目前的《方案》没有对人民币资本项目开放做更为细化的表述。但当前国际形势错综复杂，尤其在新一轮贸易自由化兴起的世界格局中，诸如TiSA、TPP以及我国正在与美国进行的BiT2012

（双边投资协定 2012 年范本）的谈判内容，都更注重贸易与投资并举，服务贸易和投资协定相连，其结果就是对我国资本账户开放提出了更高的要求。

因此，只要在风险可控的前提下，可在上海自贸区内对人民币资本项目可兑换进行先行先试，在人民币跨境使用方面先行先试，在外汇管理改革方面先行先试，并建立与自贸区相适应的外汇管理体制。基于此，我们认为《方案》中已蕴含了中央对自贸区就人民币资本账户"先行先试"的期待，即《方案》实质上已回答了该问题，只是没有回答该怎样做。上海作为上海自贸区改革的具体执行者，其实质是要回答如何在上海自贸区实践人民币资本账户开放的具体细节问题。

（2）关于在上海自贸区实践资本账户开放的建议。

上海自贸区利用全国独有的政策优势，可在区内开展资本项目可兑换先行先试，先针对现在可兑换比较低的项目，比如贷款，在自贸区内考虑允许人民币双向贷款，即允许自贸区内中资金融机构对外进行人民币贷款，境外的金融机构也可以给上海自贸区内的企业提供人民币贷款。对不同的行业，上海自贸区也可区别对待。鉴于此，我们建议上海自贸区给予贸易企业、服务企业、科技创新企业、物流企业等较大的货币兑换自由度，对这些企业进行资本账户开放的先行先试。此外，上海自贸区还可以考虑对不同的资本账户科目实行区别对待，比如，可考虑在上海自贸区内设立股权投资母基金等。上海自贸区也区别对待不同币种，比如先与东盟国家的货币开始自由兑换，加强东盟经贸合作。最后，上海自贸区还可以区别对待不同类别资本的进与出，比如美元宽进严出，人民币宽出严进。

除以上的技术细节建议外，我们还提出两点战略性建议。

第一，以构建自贸区离岸人民币中心为突破口实践资本账户开放。构建离岸金融中心和资本账户开放紧密相关，是实践资本账户开放最优的战略选择。离岸金融业务是自由贸易区的重要组成部分，也是与人民币资本项目开放一脉相承的。上海自贸区走的离岸金融道路只能是"内外分离式"离岸人民币金融中心道路。目前中国不具备完善的金融体系、成熟的调控机制和较强的对抗外来资本冲击的能力，并且没有自由的市场环境相配套，依然存在外汇管制，资本项目也没有完全开放。自贸区在创办离岸金融市场初期很可能会采用分离型离岸金融市场模式，离岸账户和在岸账户之间的资金流动受到较严格的限制。从股市影响方面来分析，自贸区离岸金融市场的创办，短期内不会因为国际资本的大量进出直接对股市造成太大影响。但是建立离岸金融市场所产生的影响范围广泛，无疑会从多方面或直接或间接地影响我国股市。发展离岸金融市场有利于促进金融体制改革，缩小国内金融市场与国际成熟金融市场之间的差距，因此也有望促进内地股市在市场监管、制度建设等方面的改革不断深化。

简而言之，"内外分离式"离岸人民币金融中心建设至少有以下四个辐射作用。

使更多的人民币跨境业务实践成为可能。结合上海自贸区建设，上海可积极推进信贷资产证券化常规化运作，并推动跨境人民币结算业务发展，扩大人民币在贸易、投资、保险等领域的使用，进而开展个人境外直接投资试点，还可积极配合开展民营资金进入金融业的政策研究，探索设立民间资本发起的自担风险的民营银行和金融租赁公司、消费金融公司。

金融监管模式创新的试验田。"内外分离式"离岸金融中心的特点就是强化"交易"监管，而非"地理"监管。这样的监管模式本来就顺应了现代服务业虚拟化、去地域化、去物理化的特点。区内金融监管机构如能应对和消化"内外分离式"离岸金融中心建设中出现的种种相关问题和风险，必将对其他服务业监管起到示范、启示的作用。离岸金融业务是自由贸易区的重要组成部分，因此上海在建立自由贸易区的同时也要构建离岸金融市场，这两大政策目标并不矛盾。上海在探索建立离岸金融市场的同时，将面临现有法规不完善的阻碍，因而需要制度创新。

成为中资金融机构适应国际竞争环境的练兵场。离岸金融市场有利于促进金融业务创新，而创新金融工具的增多对中资银行、券商等金融机构业务拓展及收入结构多样化都有重要的积极意义。在提高资金使用效率的同时，还能让中资金融机构学习及借鉴外资金融机构的先进管理经验。当然，离岸金融市场也将带动上海乃至整个地区发展，也将带动相关股票在市场中的表现。

使人民币国际化真正起航。在离岸市场上离岸人民币与越来越多的币种实现实时报价以及自由兑换将进一步优化境内人民币汇率形成机制。而资本的不断流动也自然为资本在境内与境外市场最终自由流动铺平道路。此外，只有在自由贸易区内率先实现资本项目下开放后，并逐步实现人民币可自由兑换，人民币国际化才能真正起航，彻底摆脱目前人民币国际化以来采取的"跨境贸易＋离岸金融"的模式。国内学者普遍认为日元国际化不成功的主要原因是日元采取"跨境贸易＋离岸金融"模式，而这种模式的害处是容易导致投机者利用在岸离岸价差进行套利，使跨境贸易额度虚高，增加境内央行货币政策调控的难度，催生境内资产价格泡沫。

第二，以务实稳健地加强金融基础建设为突破口实践资本账户开放。加强金融基础设施建设不但是保障上海作为金融中心稳定运行和创新发展的客观需要，也是维护国家金融安全的客观需要。《"十二五"时期上海国际金融中心建设规划》已将"建立面向全球的人民币支付清算网络"作为上海金融中心建设的规划目标之一，因此在讨论自贸区金融基础设施建设时更应该积极探索和推动全球人民币清算系统建设。

全球金融行业已进入了互联网金融以及大数据分析的时代，技术的更新给全球金融数据安全监管带来了新的使命和调整。上海将建立全球人民币清算系统作为上海金融中心建设的宏伟目标之一是有极其长远的战略考量的。因为只有中国人自己建立自己的清算系统，才能保证自己金融系统的金融数据安全。也只有掌握了一手金融交易信息才使得动态金融监管得以实现。上海自贸区的金融监管思路是要立足于"负面清单"模式的，因此，只有在建立完备的金融信息数据系统（以及分析系统）后，才能很好地动态监控区内金融机构（并可辐射到区外该金融机构的分支机构）的行为。监控不代表监视，因为只要区内金融机构严格遵守"负面清单"，金融监管机构无须（也无权力）对其实施任何干预或审查，在没有大的国际资本进出时完全由市场来决定其行为，但当出现大的金融动荡如金融危机时，相关金融监管部门马上进行一定程度的干预，进行风险控制，只有这样才能真正做到"一线放开，二线管住"。

2. 上海自贸区金融改革应助力上海稳步成为全球（或亚洲）金融中心

上海自贸区金融创新与上海建立全球金融中心的目标不相互冲突，彼此兼容，和谐发展。《方案》要求建立上海自贸区金融改革创新与上海国际金融建设的联动机制。因此，我们有理由相信：上海自贸区的金融创新使上海金融中心建设的具体实施更有着力点。上海自贸区的任何金融创新以及金融服务功能的完善，都能实现区内向区外辐射，最终立足上海，服务全国，辐射全球。

金融中心的开放程度是评判其中心国际地位的指标。"开放"本身蕴含两层含义：第一是对内开放，受益对象主要是海外机构和商业实体；第二是对外开放，受益对象主要是国内机构和商业实体。

就对内开放而言，《方案》明确指出需要探索准国民待遇＋负面清单管理模式，以应对未来我国与其他国家在新一轮全球贸易谈判规则下的调整。其含义是如果我国未来加入 TPP 及 RCEP（由东盟十国发起 16 个国家参与的区域全面经济伙伴关系），我国要对区内的金融机构一视同仁。目前，在自贸区中的所有先行先试下的尝试性开放，都是在为我国的双多边及区域合作积累经验，掌握更大的国际经贸规则制定的话语权和主导权。

我们提出以下几点具体加大对内开放力度的措施。

第一，允许设立外资银行以及民资与外资合办中外合资银行。《方案》指出允许符合条件的外资金融机构设立外资银行，以及民营资本与外资金融机构共同设立中外合资银行。未来可以考虑允许外资银行在保税区开展试点的人民币业务，但不享受国民待遇，可从事各类零售及批发银行业务，包括接受存款、企业融资、贸易融资、财务活动、贵金属买卖及证券交易等。

第二，允许设立有限牌照银行。未来可考虑在条件具备时，适时在试验区内试点设立有限牌照银行。

第三，允许设立外商投资资信调查公司。允许外商投资支付机构参照《非金融机构支付管理办法》，向人民银行申请并取得《支付业务许可证》；允许设立外商投资资信调查公司。适当的时候允许国外评级机构进驻上海自贸区。

我们提出以下两点具体加大对外开放力度的措施。

第一，允许部分中资银行从事离岸业务。离岸金融业务是自由贸易区的重要组成部分，上海建立自由贸易区的同时也要构建离岸金融市场。试验区对国内商业银行离岸业务探索风险管理和制度完善进行尝试，建议允许区内符合条件的中资银行从事离岸业务。前期的工作重点可以是研究中资银行试点离岸金融业务的操作规范，如银行如何建立一套离岸金融业务合规操作准则，打击国际市场洗钱行为以及恐怖金融等。

第二，鼓励国内企业"走出去"开展国际投资融资理财，上海自贸区应尽快研究从制度上为这些国有企业提供便利，且宜早不宜迟。

为保障上海自贸区切实做到对内对外进一步金融开放，上海自贸区管委会需要在以下几个方面寻求制度突破，为区内金融市场、金融机构构建更开放的金融生态环境。

在制度层面上。除暂停三资法外，国家所有涉及银行类的法律法规都要调整，例如商业银行法、相关新政规章以及人民银行和银监会颁布的各项规定、政策。在自由贸易试验区内，允许外资银行独立设立分支机构。这意味着外资银行的业务可多领域地进入自由贸易试验区，不像此前只能在中国内地从事人民币存款业务，其他业务都是禁止的。另外，国家鼓励中外资银行合资合作，鼓励国内商业银行走向境外，配合中国企业的境外投资。这势必需要调整相关法律。

在政策方面，应在允许范围内给予上海自贸区最大的政策支持，扫清法律和体系障碍。需要扫除的法律以及体系障碍包括：完善金融税收以及区内金融会计标准，加强信用体系建设，完善金融监管制度，完善金融专业服务和中介服务体系，加强金融集聚区规划建设，加快金融人才高地建设，完善金融安全稳定工作机制。

3. 上海自贸区应成为中国参与全球金融治理和区域金融合作的窗口

上海自贸区在区域金融合作中也应该扮演一定角色，发展沪港金融互补、互助、互动关系，比如可以考虑与香港联手积极探索亚洲美元市场建设，或成立风险平稳基金以应对潜在金融危机的发生。

上海自贸区还应加强与全球主要国际金融中心的交流合作，探索互利共赢的合作机制，如加强与东南亚地区的金融交流合作。上海自贸区管委会或上海市政府可发起设立支持东南亚当地基础设施建设的开发银行或成立类似中投公司这样性质的公司但却以人民币为主的主权投资基金，为当地基础设施建设提供资金。

上海自贸区还应为国内金融机构提供专业的金融咨询服务，做国内金融机构海外金融并购的"红娘"，比如利用政府资源优势为区内中资金融机构探索参与境外证券交易机构的并购提供服务，壮大我国中资机构海外影响力。

在符合国家利益的前提下，在有关部门的支持下，适当降低准入门槛，允许吸引国际多边金融机构以及其分支机构入驻自贸区以提升上海的国际金融地位，并使得上海在这些国际组织中发挥更大的作用和拥有更大的话语权。

参考文献

[1] Bernard Hoekman. "Liberalizing Trade in Services", Word Bank Discussion Papers, 1995.

[2] Aplpleyard, Dennis, R. *International Economics*. 4th edition, Boston. Irwin, 2000.

[3] Kanta Marwaha, Akbar Tavakoli. "The Effect of Foreign Capitaland Imports on Economic Growth: Further Evidence From Four Asian Countries (1970 – 1998)", *Journal of Asian Eco-nomics*, 2004 (15); Filip Abraham, Jan van Hove. "The Rise of China: Prospects of Regional Trade Policy", *Review of World Economics*, 2005, 141 (3).

[4] Martin Feldstein. "Inflation, Portfolio Choice, and the Prices of Land and Corporate Stock", *American Journal of Agricultural Economics*, 1980, 62 (5).

[5] Rainer Klump, Peter McAdam, Alpo Willman. "Factor Substitution and Factor-Augmenting Technical Progress in the United States: A Normalized Supply-Side System Approach", *The*

Review of Economics and Statistics. 2007, 89（1）.

［6］ 崔迪：《从欧美自由贸易园区发展经验看上海建立自由贸易园区研究》，《江苏商论》2013 年第 6 期。

［7］ 王桂英：《洋山保税港区转型为自由港关键问题研究》，上海交通大学硕士学位论文，2012。

［8］ 刘玉江：《舟山群岛新区创建自由贸易区的战略研究》，浙江大学硕士学位论文，2013。

［9］ 李友华：《我国保税区管理体制改革目标模式分析——兼及我国保税区与国外自由贸易区比较》，《烟台大学学报》2006 年第 1 期。

［10］ 李友华：《我国保税区管理体制的成因、弊端及体制重构》，《安徽师范大学学报》2004 年第 5 期。

［11］ 吴蓉：《借鉴美国对外贸易区经验推进我国保税区发展》，《上海商业》2004 年第 6 期。

［12］ 包海兵、匡玲丽：《海关特殊监管区域向自由贸易园区转型的几点思考》，《航运经济与管理》2012 年第 10 期。

［13］ 张小明：《美国是东亚区域合作的推动者还是阻碍者?》，《世界经济与政治》2010 年第 7 期。

［14］ 徐长文：《TPP 的发展及中国应对之策》，《国际贸易》2011 年第 3 期。

［15］ 徐进：《东亚多边安全合作机制：问题与构想》，《当代亚太》2011 年第 4 期，第 92～106 页。

［16］ 张蕴岭：《综合讨论 APEC 的问题与走向》，《太平洋经合研究——"亚太地区合作的机制与方向"研讨会专刊》2010

年第 1 期。

［17］胡鞍钢：《建立中国、中国香港地区、日本、韩国三国四方自由贸易区设想》，《国际经济评论》2001 年第 3 期。

［18］佟家栋：《关于我国进口与经济增长关系的探讨》，《南开学报》1995 年第 5 期。

［19］许和连、赖明勇：《出口导向经济增长（ELG）的经验研究：综述与评论》，《世界经济》2002 年第 3 期。

［20］范柏乃、王益兵：《我国进口贸易与经济增长的互动关系研究》，《国际贸易问题》2004 年第 4 期。

［21］徐光耀：《我国进口贸易结构与经济增长的相关性分析》，《国际贸易问题》2007 年第 2 期。

［22］陈勇兵、李伟、钱学锋：《中国进口种类增长的福利效应估算》，《世界经济》2011 年第 12 期。

图书在版编目（CIP）数据

中国（上海）自由贸易试验区试验思路研究/裴长洪等著.
—北京：社会科学文献出版社，2015.5
（基地报告）
ISBN 978 - 7 - 5097 - 7388 - 8

Ⅰ.①中…　Ⅱ.①裴…　Ⅲ.①自由贸易区 - 经济发展 -
研究 - 上海市　Ⅳ.①F752.851

中国版本图书馆 CIP 数据核字（2015）第 076141 号

· 基地报告 ·

中国（上海）自由贸易试验区试验思路研究

著　　者 / 裴长洪 等

出 版 人 / 谢寿光
项目统筹 / 恽　薇　陈　欣
责任编辑 / 高　雁

出　　　版 / 社会科学文献出版社 · 经济与管理出版分社（010）59367226
　　　　　　地址：北京市北三环中路甲 29 号院华龙大厦　邮编：100029
　　　　　　网址：www.ssap.com.cn
发　　　行 / 市场营销中心（010）59367081　59367090
　　　　　　读者服务中心（010）59367028
印　　　装 / 三河市尚艺印装有限公司

规　　　格 / 开　本：787mm × 1092mm　1/16
　　　　　　印　张：11.25　字　数：130 千字
版　　　次 / 2015 年 5 月第 1 版　2015 年 5 月第 1 次印刷
书　　　号 / ISBN 978 - 7 - 5097 - 7388 - 8
定　　　价 / 59.00 元